人間関係が驚くほどうまくいく

応援思考

辻 秀一

清流出版

他人に変わってほしければ、
自ら率先して変化の原動力となるべきだ。
――マハトマ・ガンジー

いつも機嫌よく生きていくには、他者の助けになるか、役に立つことである。
すると自分の存在の意味を実感し、それが純粋な喜びになる。

——フリードリッヒ・ニーチェ

他人の価値を認めなさい。
そうすればあなたの価値も認めてもらえます。
——ジョセフ・マーフィー

はじめに

多くの人の悩みは人間関係に起因、あるいは関連するものです。

それにしても人間が人間同士の関係で悩まなければならないというのは、何だか皮肉な気がします。

職場では、上司部下、同僚、取引先などのさまざまな関係があり、家庭でも親子、夫婦、兄弟などさまざまな関係があります。そしてわたしたちは常に他人を気にしながら、関係に気をつかいながら生きています。人間が社会的動物である限り、対人関係こそ歴史的にすべての人間がわずらわされてきたテーマでしょう。

人に傷つけられることを過剰に恐れ、本音を飲みこんで表面上は良好な関係性を保とうとする人もいます。他人と比較したり他人に対して好悪の感情を持ったりして悩みを増幅させている人もいます。それこそが人間らしさでもあると言えるのです。

人の数だけ対人関係の軋轢《あつれき》や悩みがあると言っても過言ではありません。そしてそれは、仕事のパフォーマンスに影響しますし、場合によっては精神的に完全に参ってしまうという事態もあり得るかもしれません。それほどに、わたしたちは人と人との関係にある意味で縛られて生きているのです。

常にこうした悩みがあるので、気持ちよく毎日を送れず、それは自分の周囲の人たち（理不尽な上司であったり、いつも不機嫌な妻・夫であったり）のせいだと意識的・無意識的に自分を正当化して他者を責める思考を持ちます。

このような中では、人間関係はこじれるばかりで悩みは日に日に深まっていくばかりではないでしょうか。

人間関係の悩みを解決する大きなヒントとして、最近は「アドラー心理学」なども知られ、広く関連書籍などが読まれて活用されているようです。わたしは心理学者ではないのでアルフレッド・アドラー博士の心理学理論を熟知しているわけではありませんが、人間関係の問題を関係性から解決するのではなく、人間関係を良好にする（あるいは左右されない）ための自分自身をつくることで解決するのだ、という考えには100％賛同します。

本書では、ラニー・バッシャム氏[※1]のメンタルマネジメント論によるセルフイメージの話や応用スポーツ心理学、そしてセルフコンセプトという固定概念の話、さらにはミハイ・チクセントミハイ博士[※2]のフロー理論、あるいは禅的な思考やマインドフルネスの考えなどを通じ培ってきた、わたしなりの独自のメソッド＝「辻メソッド」を、人間関係という視点で改めてまとめ、みなさんにお伝えしたいと思っています。すなわち、辻メソッドによる人間関係をよりよく生きるための自分自身のつくり方をご紹介していきます。

キーワードは**「自分がご機嫌でいれば、人間関係は必ず好転する」**ということです。自分自身の機嫌をいつもよくするポイントは「思考」にあります。人間関係の問題や課題を解決するために、どんな「行動」を取っていくのかにフォーカスするのではありません。さまざまな人間関係にまみれた人間社会という荒海の中で溺れずにタフにしなやかに生きていくために、自分自身をつくりだしている自分の「思考」に目を向けるのです。

人間は脳でできていると言っても過言ではありません。身体と精神を司る脳の働きにはさまざまなものがありますが、その中心は思考です。思考の習慣こそが、すなわち自分自身でもあります。どのような思考習慣が人間関係を穏やかで実りあるものにしていくのかのヒントをみなさんに知っていただき、自分のものにしていただきたいと思います。

しかし、それは思考を全面的に変えるのではなく、新たな思考習慣をプラスしていただく感じです。変える、というとこれまでの思考や今までの自分を否定していかなければならないと考えてしまいます。本書で申し上げたいのは**新たな思考習慣を〝アドオン〟する、すなわちつけ加えていただく**イメージです。

それは決して難しいことではありません。今までの自分はそのままにしておいてよいのですから。

新たな思考習慣の中心にあるのが「応援の思考」です。つまり、この「応援」が本書のテーマです。応援は自分や周りの人を元気にして、その元気は自分に還《かえ》ってきます。それはとてもシンプルです。

思考の習慣が新たに加われば、結果的に自分が変わってきます。「赤」という思考だけで生きていたのが、赤は保持しながらも「青」という思考を持つようになると、赤とも考えられるし、青とも考えられる。それだけでなく、両者を混ぜ合わせて、「紫」

とも考えられるようになるのです。

そうです。自分の可能性が3倍にも広がることになります。脳が新しくなれば自分も新しくなる。そうなれば周りは変わらず同じ状況でも自然と周囲に対する見方や行動が変化し、気づけば人間関係は今までとは劇的に違ったものになっていくのです。

ですから、新しい思考を自分の中につけ加える感覚で本書をお読みください。知識を得ただけでは、新しく加わったとは残念ながら言えません。自分のものにしていくには意識していくことが大切で、どのように思考の習慣を持っていくのかも本書の中で詳しく述べていきたいと思います。

それでは新しい思考の習慣を知り、さらに自分のものとしていく旅の始まりです。

辻　秀一

※1　1976年モントリオールオリンピック、ライフル射撃の金メダリスト。著書に『メンタル・マネージメント―勝つことの秘訣』などがある。
※2　ハンガリー出身のアメリカの心理学者。著書『楽しみの社会学』でフローの概念を提唱したことで知られる。

目次

第2章 応援は自分を元気にする！
～自分の心を自分でご機嫌にする～ 93

第3章　応援が周囲の人間関係を劇的に変える！
～支援の人間関係をつくる～

終章　人間関係とは自分を知ること　179

装丁・本文デザイン＝松永大輔

序章

なぜ、あの人は応援されるのか?

応援は自分自身を強くする

人間関係において、キーとなるのは他人ではありません。まず、自分自身です。自分自身という人間は脳が支配している生き物です。どのような脳の習慣、つまり思考習慣を持って生きているのかがその人の個性、あるいは強さでもあります。

そして、他人と強く良好な関係を築きながら生きている人には「応援の思考習慣」が必ずあります。

辞書を引くと次のような説明があります。

【応援】……①他人の手助けをすること。また、その人。②（競技・試合などで）歌を歌ったり声をかけたりして味方のチーム・選手を元気づけること。

応援とは他人に対してするものですが、実は自分自身のためにするものでもある、ということを知っている人はあまり多くありません。

ある有名なプロゴルファーが、ラウンド中に自分自身の感情を穏やかにしなやかに強く保ち、安定したプレーをするための最大・最良の方法は、常に応援の思考ですべてのプレイヤーや事象に接することだ、と述べていたことが印象的です。

例えば、首位を争っているライバルがパッティングしているとします。それが入らなければ自分が優勝する、しかし、入ればプレーオフに勝負はもつれ込む。**このとき、外れたら優勝なので「外れろ」と願うのではなく、反対に「入れ」と願うのでもなく、ただただがんばってほしいと応援の思考で見守る**というのです。その思考が自分の心の安定を生み出すのだと。

仮にプレーオフになったとき、「外れろ」や「入れ」と考えた場合と応援の思考でいた場合では、その後のプレーに如実に影響してくるといいます。「外れろ」と考えたからといって外れるわけもなく、心は乱れ、パフォーマンスの低下をもたらすことでしょう。一方、応援の思考は外側の結果に心を持っていかれることが少なく逆に心の安定を自らにもたらします。

みなさんも、応援の思考でいた方が、その後何が起こっても自分自身の心が安定した状態になることは何となくイメージできるのではないでしょうか?

どうして応援の思考を有すると自分自身が強くあることができるのかは、のちほど第2章で詳しく述べますが、体験的にそのようなことはイメージができると思います。応援していると、自分自身の気分がすっきりして元気になっていくようなそんな感覚です。

ここで言う応援とは、相手に勝ってほしいと願うのでもなく、実際に相手に応援の気持ちを伝えなければならないのでもなく、応援するために何か行動を起こさねばならないものでもありません。応援団やチアリーダーになる必要はなく、**「応援しよう」と考えるだけでも、心の状態にエネルギーが芽生え、自分自身の状態をよい方に導く**ものなのです。

そういう体験が多ければ多いほど、こうした思考習慣が強固に形成され、いつでもどこでも応援の思考で周りに接していることで自分自身を元気にし、対人関係に翻弄されがちな人間社会、過酷なビジネスシーンにおいても自分を平静に保ちながら生きていくことができるのです。

応援なんてこれまであまり考えたことがないという方も、まずは、この応援思考に注目していただきたいと思います。

応援した方がいいのはわかっていても、簡単に、誰でもいつでも応援することなんてできない、というのがみなさんの本音だと思います。なぜ人は応援の思考を持ちにくいのかについても、この後の章で詳しく述べます。

今ここでお伝えしたいのは、スポーツ観戦などで応援していると、その声は仮に相手に届いていなくても、なぜか自分自身が元気になるというような体験や体感はありませんか？ということです。それを思い出していただきたいのです。

今ここに自分自身が経験し体感として持っているという事実が何よりも大事なのです。応援していて気分がよく元気になった経験・体感はありませんか？

この問いに対するみなさんの答えが、本書の内容の答えあるいは柱となっていると言っても過言ではありません。そう、**応援思考の習慣は元気な自分をつくります。応援思考をする自分は周りを元気にします。応援思考を有する自分（元気で機嫌のよい自分）のところに人は集まります。**

応援思考を持っている人は人間関係を良好にできるのです。もし、人間関係に悩んでいる人がこの思考習慣を持つようになれば、人間関係が劇的に好転して生き方がガラッと変わるはずです。応援思考を持つこと自体は難しくありません。まずは「応援しょう」と自ら決めてそう考えることから始まるからです。

実際に応援団やチアリーダーにはなれなくても、応援しようと考えることができない人はいないでしょう。**応援しようと考えるだけでもその思考がエネルギーとなって自分自身に変化をもたらす、**それがみなさんにお伝えしたいことなのです。

フローな風が吹く
——機嫌のよい状態とは

人には必ず心の状態が存在しています。時・場所を選ばずに何らかの心の状態が存在しているのです。それはなぜかといえば、心の状態は脳がつくり出しているからに他なりません。

死なない限り、すなわち生きている限り脳は働き続け、何らかの心の状態を生み出しています。みなさんも、今こうして本書をお読みになっている間も脳が働いているので何らかの心の状態が存在しているはずです。

その**心の状態をわたしは大きく2つに分けて、「フローな状態」なのか「ノンフローな状態」なのか、というように表現しています。**フローな心の状態についてはチクセントミハイ博士が「無我夢中の状態」などと表現されています。それはスポーツやビジネス、音楽など、自分のパフォーマンスが最大限に発揮されている心の状態とも言えます。

スポーツの世界ではしばしば「ゾーンに入った状態」あるいは「ゾーン」と表現したりします。それはかなり究極な心の状態で、日常生活の中ではめったに起こるものではありません。

そこで、わたしはそのような無我夢中よりももう少しライトで自然体な**「あるがまま」に近い心の状態として「フローな状態」を考えています。すなわち、〝揺らがず〟〝とらわれず〟というような心の状態です。わかりやすく言えば「機嫌のよい状態」です。**

人は機嫌が悪いときには、何かに揺らぎ、とらわれているはずです。多くの人はほとんど自覚していませんが、どんな人も常に機嫌のよい感じと悪い感じが切り替わりながら日々生活しています。実はこの機嫌の状態こそが自分自身の機能を決めているのです。

人間には機械のようにさまざまな身体的機能が備わっていて、それは心の状態の影響を常に強く受けています。心の状態によって自分という言わば〝マシーン〟の機能は決まっているのです。

機嫌がよく、フローな風が心に吹いているとき（わたしは機嫌のよい状態をよくこう表

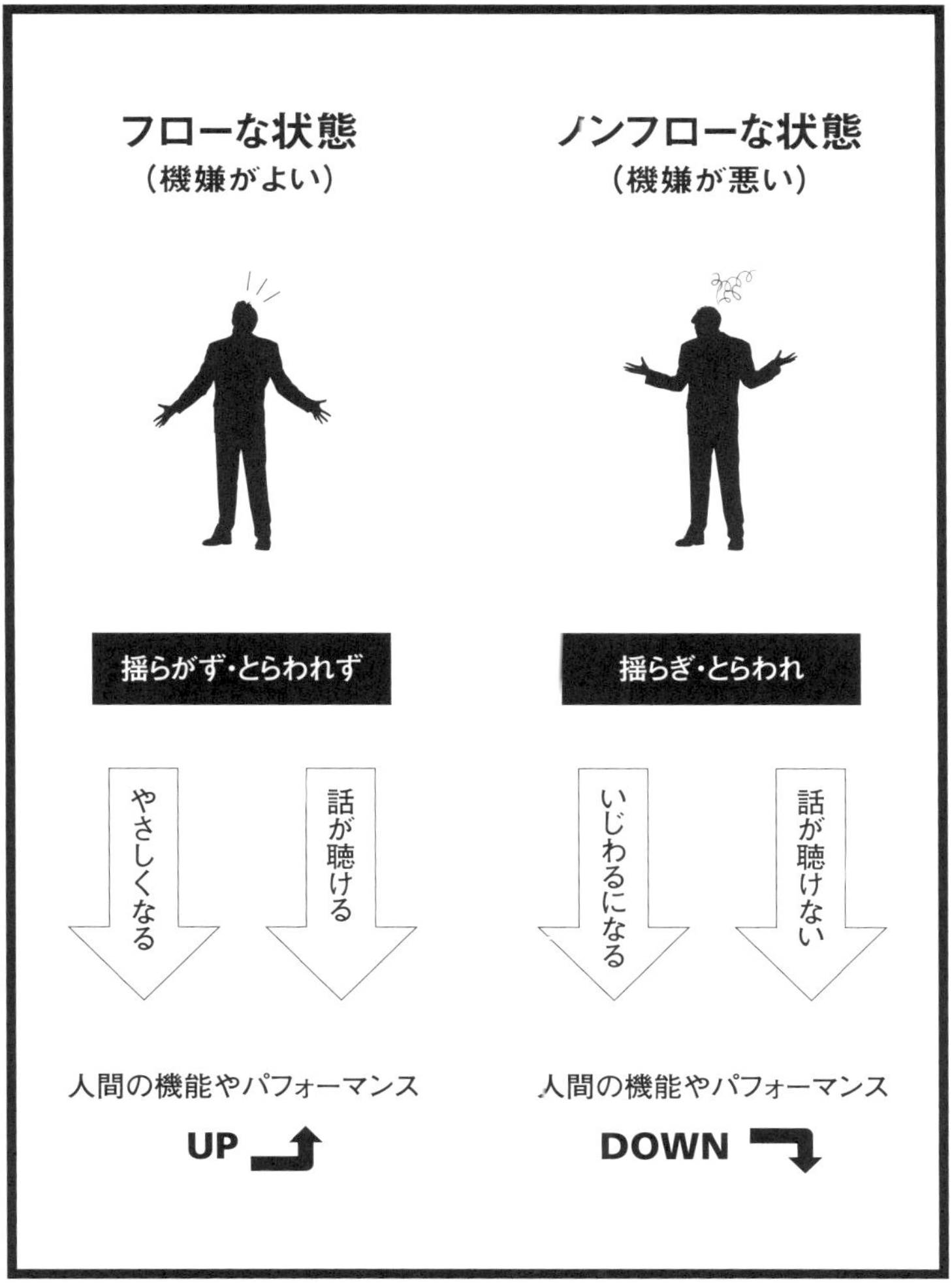
フローな状態
(機嫌がよい)
ノンフローな状態
(機嫌が悪い)
揺らがず・とらわれず
揺らぎ・とらわれ
やさしくなる
話が聴ける
いじわるになる
話が聴けない
人間の機能やパフォーマンス
UP
人間の機能やパフォーマンス
DOWN

現します）は自分自身がどうなっているのかを想像してみてください。機嫌の悪いときに比べて機嫌がよいときの自分は元気で、物事にも集中しやすいため、仕事などのパフォーマンスも高いのではないでしょうか？

スポーツは、この差異がとてもわかりやすい活動です。機嫌が悪くなり自分の機能が落ちればいつものパフォーマンスが発揮できずに負けることになるからです。また日本では昔から「病は気から」と言われていて、日本人は悪い心の状態が病気にも繋がると経験的な知恵として知っているのです。

それは心の状態次第で免疫機能をはじめとする生きるための身体的機能が活性化もするし、不活性化もするということ。例えば機嫌が悪い状態が長く続くと免疫機能が低下してしまうので感染症にかかりやすかったり、癌にもなりやすかったりすることになるのです。

もちろん、運動などのライフスタイルや癌などの病気はさまざまな因子の影響を受けていますが、心の状態が人間の身体的機能を通して大きく影響しているのは確かなのです。

そこで、自分の機能を上げて生きるために誰かに機嫌を取ってもらうのではなく、

自分で自分の機嫌を取る、つまり自分の機能は自分でしっかりと上げて1回しかない人生を悔いなく生きることを提案したいと思います。

機嫌のよい状態の方が人にやさしくなれるのではないでしょうか？

機嫌がよければ人の話も素直に聴けるのではなでしょうか？

機嫌がよい人のところに人は集まるのではないでしょうか？

機嫌がよければ多少のことがあっても人を許せるのではないでしょうか？

〝揺らぎ〟〝とらわれ〟ている状態、つまり機嫌の悪いときにはその逆です。それは人間としての機能が落ちているからです。携帯電話の電波の状態が悪いときに電話が繋がりにくいのと同じです。見えない心の状態や電波の状態がその人や電話の機能を調節しているのです。

場所によって電波の状態が悪くなることはありますが、そのままの状態で通話していると伝達ミスやトラブルの元になるでしょう。同様に、人間ですから日々の生活の中で機嫌が悪くなることは当然ありますが、そのままの状態で放置するのはよくないのです。**自分の機嫌を自分から自分のために取ることが、人間関係を好転させる大切な法則なのです。**

自分の心の状態に常にフローな風を吹かせて生きること、それがみなさんへの大きなメッセージです。そのためのヒントの１つが応援思考を習慣化した生き方なのです。

応援は機嫌をよくする魔法のスイッチ

会社や取引先、趣味の仲間など周囲を見回してみると、元気でしかも成長しながら結果を出しているような人が必ずいると思います。そして、そういう人の多くは仲間に恵まれ、相手が誰であっても態度が変わることなく常に機嫌よく人に接しているでしょう。

ポイントは人間関係のよさです。最初に書いたように、人間の悩みはそのほとんどが人間関係に起因しています。常に人と自分を比べたり、競争意識を抱いたり。心は休まりません。しかしながら、人間は人間との繋がりがなければ生きる喜びのほとんどを感じることができないのも事実です。それほどに生きていく上で人と人との関係は重要なのです。

人間関係が良好で多くの人に好かれれば、ビジネスにおいても成功しやすいということが言えます。足を引っ張られることもなく、社内で引き上げられやすいので、同僚よりも出世が早くなるかもしれません。起業・独立をしたとしても、多くの人から信頼感があるためにさまざまな支えをもらえることでしょう。

さらに、**応援される人は自らが応援思考を持っているので、常に上機嫌で、ゆえに悩みや不機嫌な感情に支配されにくい。つまり、切り替えが早く仕事のパフォーマンスも非常に高く安定しているのです。**

仕事上の関係に限らず、一流のスポーツ選手やミュージシャンなどには多くのサポーター、応援する人たちがついています。もちろんビジネスの世界でも来客数の多いお店やよく売れる製品は、一定のリピーターといわれるお客さんによって支えられているようです。車なども何台も同じメーカーの車を乗り換えている人は珍しくありません。あなたも何か、例えばシューズやカバンなど、贔屓《ひいき》にしているメーカーがあるのではないでしょうか。

これらは、条件つきの応援です。スポーツも音楽もその人の才能などに惹かれて応援しますし、外食はそこの食べ物の味とサービスに、車などのメーカーも製品の信頼性などによってリピーターになり応援をするのです。

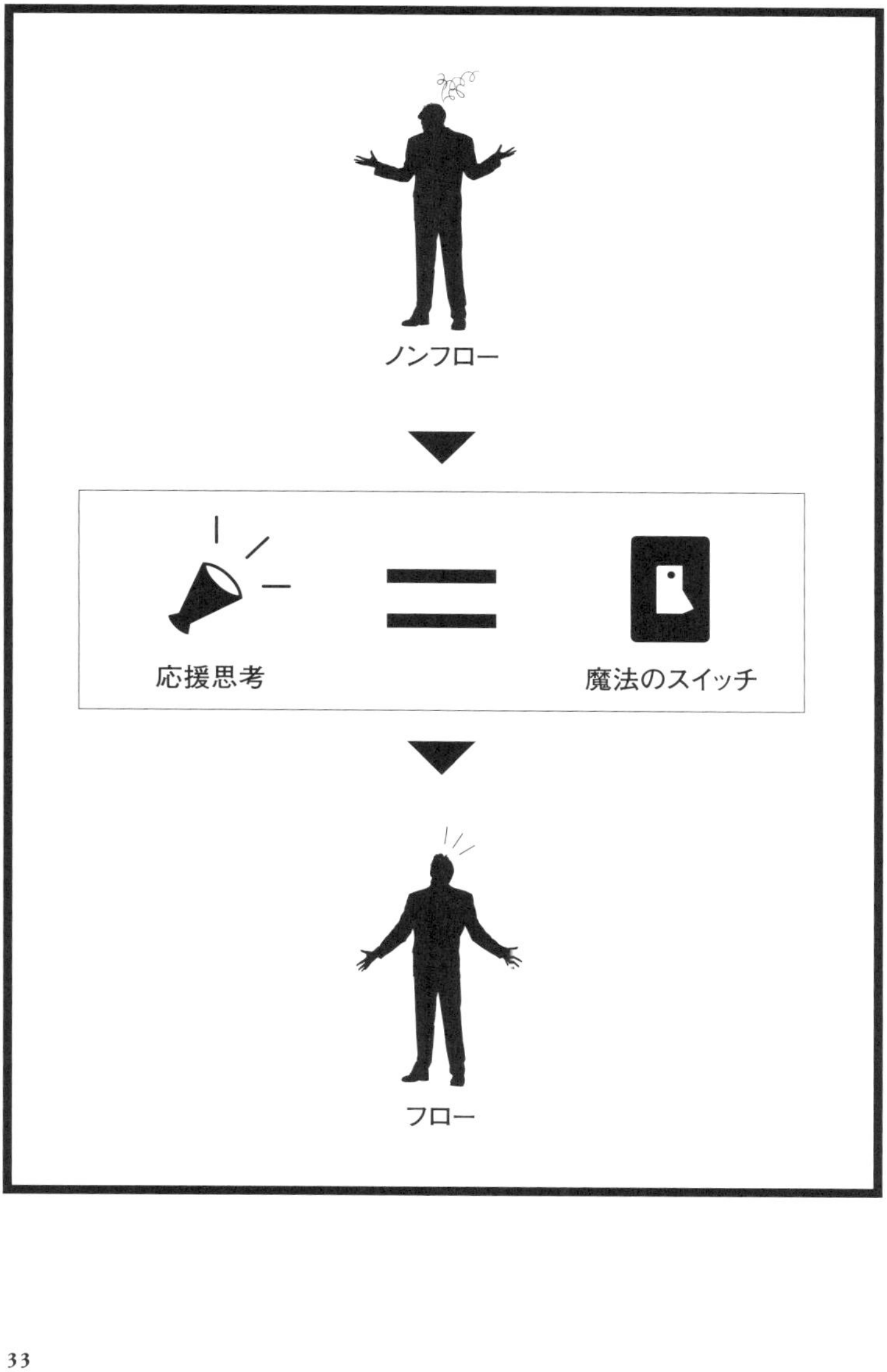
ノンフロー
応援思考
魔法のスイッチ
フロー

いずれにしても、応援の力とは、実は非常に大きなものです。誰もが応援を受ける側になりたいと思うはずです。

その鍵は対人関係において機嫌という絶対的な売りを有しているということなのです。後に詳しく書きますが機嫌のよい人のところに人は集まります。しかしながら、人間はなかなか自分で機嫌をコントロールできません。

このコントロールしにくい機嫌を一瞬で変える魔法のようなスイッチ、それが応援思考です。応援される人になりたければ、応援される前に、まず自分が応援する思考を持つこと、それが人間関係の悩みを解決し、パフォーマンスを高めて豊かな人生への第一歩となるのです。

本書では応援力を高めるさまざまなコツをご紹介していきます。

One for all All for one
――まず誰が始めるか

周りの機嫌がよければ自分の機嫌もよくなる。みんなの機嫌がよければ自分の機嫌もよくなる。

人間は確かにそう考えがちなものです。しかしそれでは、自分の機能をいつも周りによって決められている人生になりはしないでしょうか？

自分の機嫌をまずは自分から取れる人。そのような人が仲間に、そして周りにいればその社会は、組織は、チームは、家族は、みな機嫌がよいはずです。そして結局は、その影響を受けてその人自身にもますます機嫌のよい人生がもたらされるでしょう。

この「機嫌のよい状態」ですが、自分から始めるのか、周りが始めてくれることに期待するのか、どちらが賢い人生だとみなさんは思いますか？

確かに日々の生活、仕事の中で、わたしたちの機嫌を悪くしてしまう出来事は多々起こってきます。大きなものから細々したものまで悩みはつきません。でもだからといって、自分の機嫌を簡単に手放してしまっていいのでしょうか？

前述したように、自分の機嫌は自分でも取ることができるのです。自分から機嫌よく生きる人は必ず周りの人のためになる生き方をしているのです。**One for one が One for two を生み出し、それが次第に One for some、そして One for all をつくり上げていくのです。**

そして、気づけばそのようなＯｎｅによって構成されたＡｌｌは一人ひとりのＯｎｅに対して、またよりよいものを還元してくれることでしょう。

しかし現実には、自分の機嫌を手放して、いつも言い訳をしたり愚痴をこぼしたり文句三昧の人も少なからずいるもの。だからといって、そんな人のことを非難していても始まりません。あなたがその人の不機嫌の影響を受けて、つられて不機嫌になってもその人はあなたの機嫌を取ってくれないし、不機嫌になったことの不利益に対して何も責任を負ってくれません。

まず自分です。**あなた自身が自分のために自分の機嫌を自分で取り、フローな風を自分に吹かせて生きるＯｎｅであることが大事**だということを改めて考えてほしいと思います。

自分が機嫌よく生きることが周りにエネルギーを与え、そのことが自分自身にエネルギーを生み出す。**見返りを期待せず、まず先に自分がエネルギーを周囲に与えると、自分自身がフローになりエネルギーが湧いてくる。これを「フォワードの法則」と言います。**他者にエネルギーを与えることが同時に自分自身のエネルギーを生み出すという法則です。

そして、**先に与えたエネルギーが結局は周囲から再び還ってくるというのが「ミラーの法則」です。**この2つの法則に沿って生きている人は例外なく人間関係を豊かにしている人なのです。

この2つを実行するのはそんなに難しいことではありません。この法則が成り立つ社会は、一人ひとりが自分自身を大事にし自分に目を向ける世の中、社会です。一人ひとりが自分の面倒をちゃんとみて、責任を取っていけばいいのです。たとえそうではない人がいたとしても、あなたは自分のために機嫌よく生きると決めればよいのです。

組織やチームはもちろんのこと、見知らぬ他人同士の間にもフローな風は吹きます。

卑近な例ですが、例えば昼食を摂りに入った中華料理屋で見知らぬ人と相席になったとします。その人はあなたの側にあって取りにくいコショウを取ろうとしていたので差し出してあげました。すると今度はあなたが口をぬぐうティッシュペーパーを取ろうとしたとき、その人が取ってくれました。まったくの赤の他人とも些細なことですが助け合えるのです。こういうことがあって、気分が悪いわけはありません。

アドラー心理学を題材にした『嫌われる勇気』（ダイヤモンド社）という書籍がベストセラーになりましたが、**「自分を大事にする勇気」**、わたしはそのことを声を大にしてみなさんにお伝えしたいと思います。自分を大事にするとは自分勝手や自己中心とは違います。自分の機嫌を自分のために大事にする生き方です。それは結局、周りやみんなのための生き方でもあるのです。詳しくはさらに掘り下げて述べたいと思います。

人物から出る矢印：**フォワードの法則**

人物に戻る矢印：　**ミラーの法則**

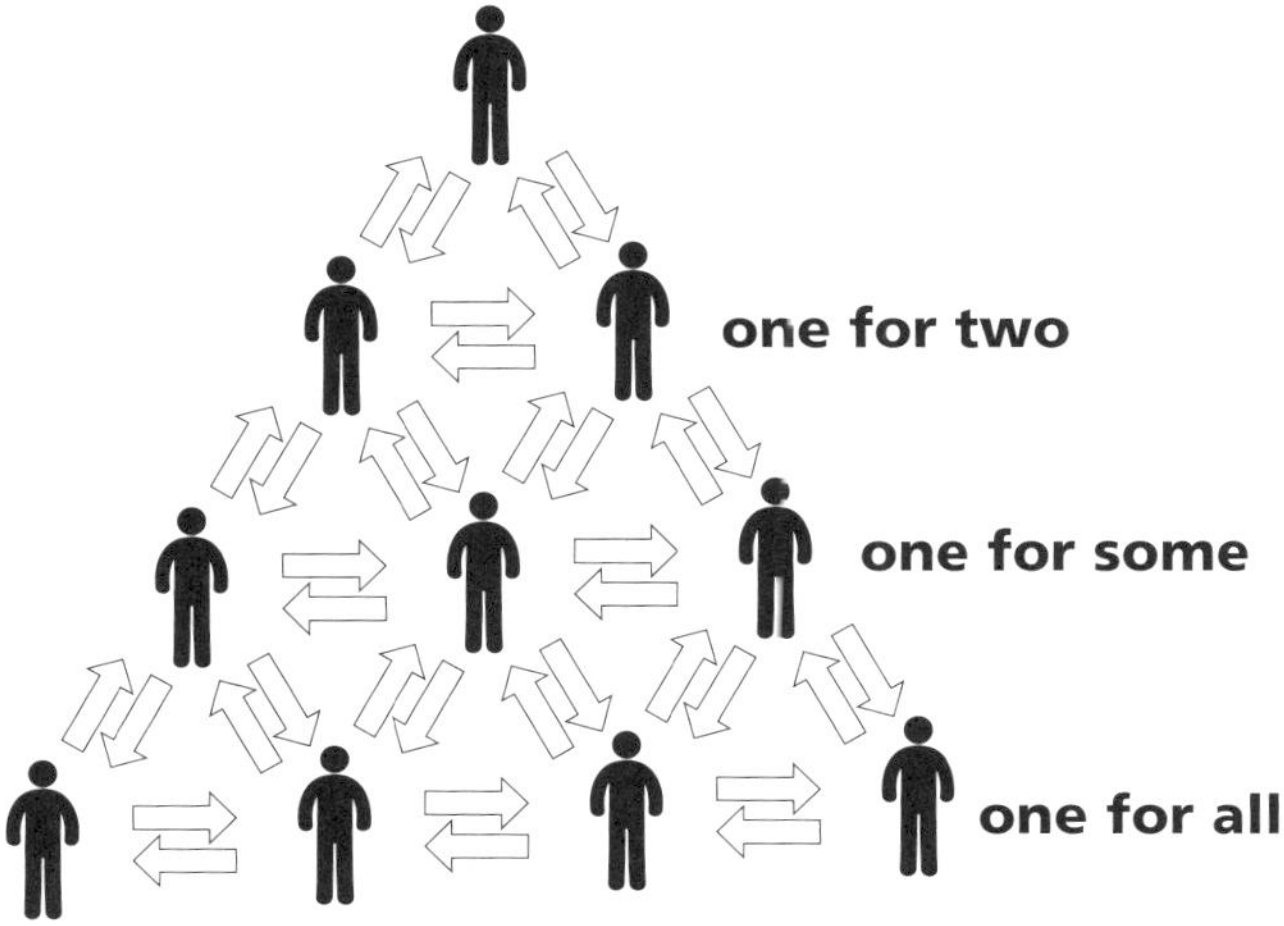

この三角形は右辺を底辺にしても、

左辺を底辺にしても、まったく同じ構造になる。

情けは人のためならず

——自分のためから始まる善循環

この諺《ことわざ》は日本人なら誰もが知っている有名な言葉ですね。また、間違った解釈が多いことでも有名です。それではどのような意味でしょうか？　情けとは、人のことを思いやること、配慮すること、気配りすること、応援すること、感謝すること、助けること、などなどです。

通常は、人に対してそのような情けを掛けることはその人のためにならないのであまりしない方がいい。むしろ厳しく接した方がその人のためになるのだという意味で多くの人が理解しているようです。

しかし、それは本来の意味とは違います。このような**情けを人に掛けるということは、他人のためではなく実はその行為自体が自分のためのものであるという「フォワードの法則」を謳《うた》っているの**です。

情けを掛けるのは人のためではなく自分のためだということです。さらに辞書には**「そのような行為が巡り巡って自分に還ってくる」ということも書かれています。それはすなわち「ミラーの法則」です。**与えると還ってくるというものですね。いずれにせよ、情けは人のためならずの本来の意味を自分自身の生き方として持っている人、その人は間違いなく人間関係を好転させる普遍的な叡智を持っているのです。

人のためから始まるのではなく、自分のためから始まる生き方、それが人間関係の善循環を生み出していくのだということにいつ気づけるのかが、人生の幸せの鍵です。そして、それが人生にさらなる善循環を生み出す魔法になるのだと言っても過言ではありません。

では、情けを人に持つにはどうすればいいのかと、またここで多くの人は疑問を持つでしょう。しかし、先ほども述べたように多くの人はどうすればいいのかをすでに知っているはずです。

思いやること、助けること、感謝することなどです。つまり応援です。それを知っているのに実行できないのは、**応援が自分自身のためであると確信できていないから**なのではないでしょうか。

そして、さらに情けを持つこと、応援思考で生きることが本当に自分のためになるのだという確信を持つことが何よりも大切です。自分を真に大切にすることなのだと。大事なことはまずそのような意識を行動の前に自分自身の中に持つことです。意識が形成されていないのに、行動ばかりをしようとしても逆にそこには苦しさが伴います。

「やらなくては」ではなく、まず「そう考えましょう」というのが本書でお伝えしたいことの1つでもあります。

あなたをつくるのは行動ではなく、思考である

人間関係の悩みにまみれて生きる。

それは誰にとっても好ましいことではありません。みんな何とか人間関係のしがらみや悩みのない日々を送りたいと心の底から願っていることでしょう。そして、その悩みを解決するためにどうしたらいいのか、何をしなければならないのか、何かいい手立てはないのかを夢中になって探しているはずです。

しかし、人間関係の悩みの解決の鍵は実は自分自身の中にしかありません。そして、**自分自身とは何なのかといえば、思考と意識です。**もちろん行動も自分であると規定することは可能ですが、行動はあくまで思考や意識の結果です。

どんな思考をしているのか、どんな意識を持っているのか、それが個性であり、あなたそのものなのです。その思考や意識が自分の行動に変化をつくっていくだけでな

く、人間社会の中においては、他人にも影響をしていくのだということがとても大切なことなのです。

多くの人がそのことを知り、よい思考・よい意識を自分のものにできれば、人間関係を一瞬で好転させることができるでしょう。思考は今この瞬間から自分自身で実行可能です。意識すればよいのですから……。行動の実行よりも思考・意識の実行の方がいつでもどこでもできるはずなのです。

しかし、思考・意識するだけで、なぜ人間関係が好転するのでしょうか？　それは**思考そのものにエネルギーがあるからなのです。思考があなたをつくっているばかりではなく、思考はエネルギーとなって周りの人にも伝わり感じることができる**ものなのです。

思考は量子物理学のレベルで、光だという研究があります。光、すなわち波動です。波動ですから自分自身から発せられる思考というエネルギー＝波動が人にも影響をしていくのです。相手には見えなくてもあなたの思考がエネルギーとなって伝わり感じられていくのです。

リン・マクタガート博士の書いた『意志のサイエンス』（ＰＨＰ研究所）によると、

ドイツの物理学者フリッツ・アルベルト・ポップ博士は、すべての生命体は光の粒子である光子を放出し、コミュニケーションをしていると提唱。それはやがてドイツ政府や海外でも認められ、光を確認する実験も行なわれています。

また、『思考のすごい力』（ＰＨＰ研究所）の著者ブルース・リプトン博士は世界的に著名な細胞生物学者ですが、彼は著書の中で人間の思考が細胞レベルで身体にいかに大きな影響を与えるかを訴えています。

この素晴らしい事実を受け止め、まずは自分自身の思考に目をやりましょう。どのような思考がエネルギーを持ち、自分自身はもちろん、人間関係をも劇的によくしていくことができるのかを、次章から詳しくお伝えしていきます。

第1章

人間関係がこじれやすい理由

～意味づけダルマが転がり続ける～

人間関係の悩みはどれほど文明が発達しても解決できない？

人間関係の悩みはなぜ起こるのでしょうか？

人間の脳（意識）はいつも外界に向いています。外界とはすなわち、環境や出来事や他人です。

まず環境。あなたは日々の生活で天気のことを気にしていませんか？　人々の会話に天気の話題が多いのは、共通の無難な話題であるということもありますが、脳が環境、すなわち天気などに接着しやすい構造だからです。

次に出来事。いろいろな出来事が朝から晩まで起こり続けてわたしたちに影響しています。

平日の朝は寝坊したり、電車に乗り遅れたりすることがあるかもしれません。会社に出ると、メールの送受信やら打ち合わせ、得意先へのプレゼンがあったり、営業の成績が出たり……。プライベートでは趣味のテニスでダブルフォールトしたり、ゴルフで３パット叩いたりＯＢで池に入れたり……。いろいろな出来事が人生は起こり続けるでしょう。

自分自身に起きる出来事はもちろんですが、情報過多の時代なのでテレビやネット、ＳＮＳなどから自分の知らない出来事がどんどん飛び込んできて、あらゆる出来事に脳が接着して反応していきます。

そして、わたしたちは外部環境やさまざまな出来事に翻弄されながらも、その都度、対処して生きてきました。それが人間の成長・進化の歴史でもあり、文明の発達とも言えるでしょう。

雨が降れば濡れないように傘をつくり、寒ければ火を起こすことから暖房器具やダウンコートなどを生み出し、花粉が多くなれば薬や花粉対策マスクなどを開発し……。人間はあらゆる環境の変化に対応するよう知恵を絞り行動してきたのです。それによって悩みをひとつひとつ解決してきました。

もちろん常に新しい環境や変化が生じ、イタチごっこかもしれませんが、環境対策をして人は生き抜いてきたのです。解決不可能に思える難しい出来事に対してもソリューションを考え、問題解決を日々繰り返して乗り越えているのです。

話は少し変わりますが、『ドラえもん』という漫画、あるいはアニメをご存知と思います。現在、40代の方はジャスト世代でしょうか。未来から来たネコ型ロボットが、冴えない小学生ののび太のために未来の夢のような道具、「ひみつ道具」を出して問題を解決してあげます。このひみつ道具がある意味で認知脳の特徴をよく表しているように思います。

例えば「もしもボックス」という道具は公衆電話のようになっていて、その電話に向かって「もしも○○だったら！」と言うと、世界がそのように変わるというもの。他にも、タイムマシーンやビッグライトなどなど、魅力的な道具があって、ストーリーを動かします。しかし、これらの道具は〝人間的な〟のび太が使うことでさまざまなトラブルを起こします。本能を充たし欲望を肥大化するように機能するのです。まさに認知脳が認知脳によってつくられた道具に支配されているわけです。

SF的な未来はともかく、現代にはまだ乗り越えられないものも多々あります。オゾン層の破壊という地球規模の環境問題や、エボラ出血熱などの致死性の高い感染症などです。

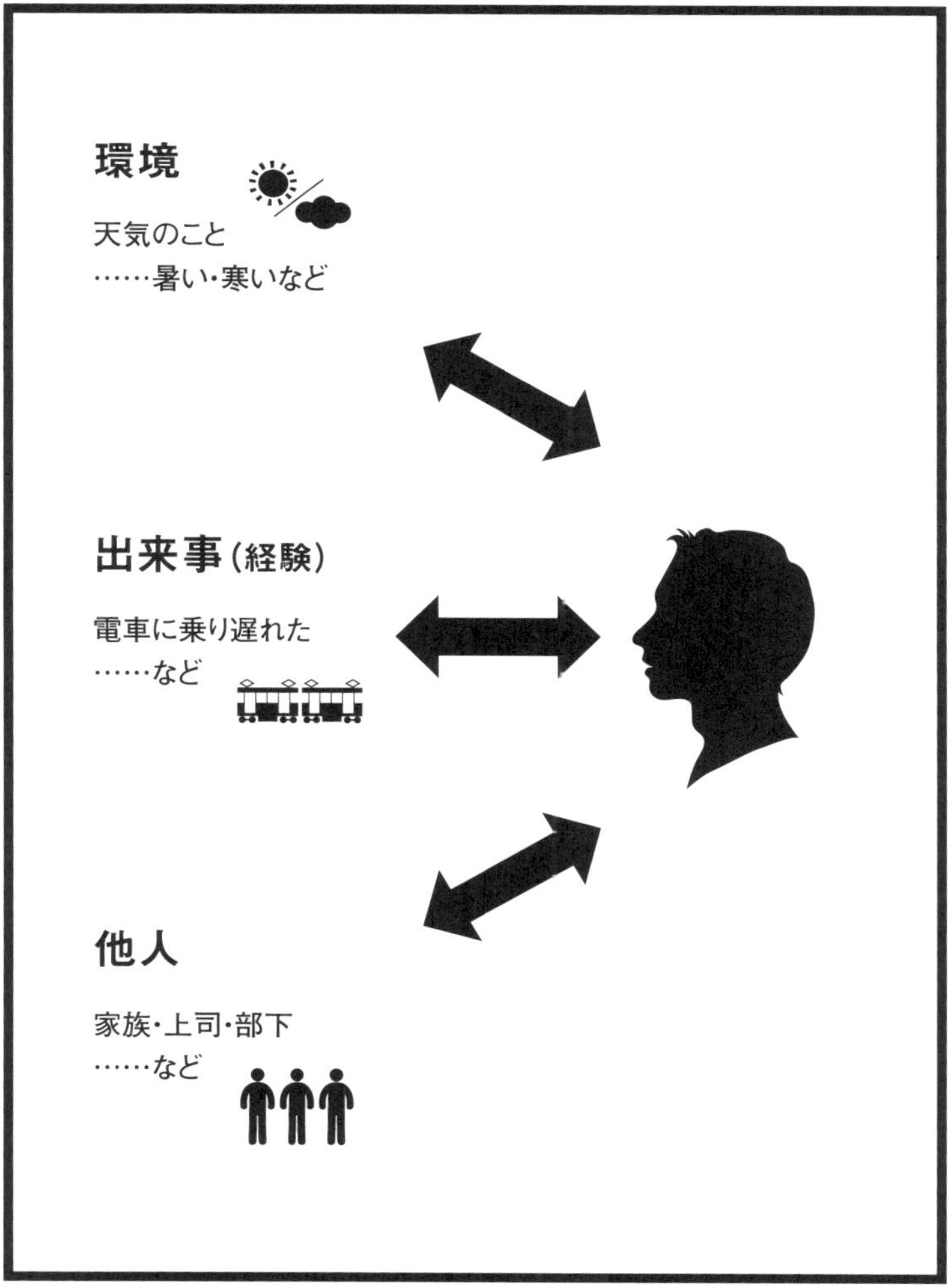
環境
天気のこと
……暑い・寒いなど
出来事（経験）
電車に乗り遅れた
……など
他人
家族・上司・部下
……など

行動では克服できない環境や出来事がまだまだ多々あるのも事実です。それを乗り越えるためにまた日々努力し工夫し考え、実行しているのが人間です。もちろん、本書をお読みのあなたも一人の人間として同様に環境や出来事に翻弄されながらも、それを克服するためにさまざまな努力を今日もされていることでしょう。そのための闘いが続いているのはどんな人もみな同じです。

しかし、人間の脳が接着する外界の三構成要素の最後である「他人」についてはどうでしょう。**人間関係の問題は世界中で存在し続け、克服するメソッドやソリューションがないのではないでしょうか？**

人間関係の解決に繋がる方法や施策は環境・出来事を克服してきたようにはうまくいかず、相変わらずこれといったものがないような気がします。人間関係は道具や行動やメソッドでは解決できないということでしょう。

環境や出来事については、その問題を乗り越える努力の向こうに解決策が存在していることが経験的にわかるので、多くの人は解決策を探し求めて努力していきます。しかし、人間関係の解決策はそのような努力によってもたらされるものではないようです。解決のための道具も行動もないのです。

あえて言えば、その道具の1つが人類史上、生まれてきたさまざまな宗教であり、その悩みにつけこんで洗脳などを行うのが悪しき宗教なのかもしれません。

人間は、宿命的にこの悩みと相対し続けなければならないのです。

認知脳の暴走
――なぜ、思考は暴走しやすいのか？

このように**外界に接着し、解決策を考え行動を促していく脳（の機能）を認知脳と呼んでいます。**人間はこの脳機能が他の動物よりも格段に優れ、さまざまな問題を解決し、文明を発達させてきました。

遠くまで歩くのは大変で時間がかかるから車を生み出し、暗いと不便だから電気を発明し、手紙では時間がかかるので電話・ファックス、そしてインターネットをつくり出したりしているのです。それらはすべて人間の認知脳の機能が生み出し実現させてきたことです。

動物は生命維持のために、環境の変化や出来事に対応する脳の機能はありますが、人間ほど多様な方法で問題を乗り越えるメソッドは開発できません。簡単に言えば、道具も火も使えないのが動物で、人間は認知脳という脳の機能によって道具も火も使えるようになったわけです。この認知脳による〝脳力〟のおかげで人間は地球でいちばん強い生物として君臨しているわけです。

ところが、この素晴らしい認知脳はある厄介なことをしでかします。それが「意味づけ」です。人間は「意味の生き物」と言ってよく、あらゆることに意味づけをします。言葉の誕生以来、外界のあらゆることに意味づけをするのです。

雨が降っているだけなのに、「嫌な雨だな」とか「憂鬱な雨だな」と、雨に本来ないはずの意味をつけてしまいます。電車に乗り遅れれば、「乗り遅れた」という事実に「まずい、やばい！」と意味づけします。認知脳にはあらゆる事柄に意味をつけて認知する仕組みが搭載されているのです。

その結果、意味から問題を感じてその問題を解決するための行動を起こすことができるとも言えるのです。この意味づけはもちろん人間（他者）に対しても起こります。そもそも苦手という意味の細胞でできた人など存在しないのに、「あの人は苦手だ」などと勝手に意味づけをしてしまうことはないでしょうか？

人間は60兆個の細胞でできている生物、ただそれだけの存在なのですが、すべての人が他者に対して何らかの意味づけをし（意味づけをし合って）、色眼鏡をかけて人を見てつき合っているのです。

初めて会ったときには「ただの人」として存在している人が、見たその瞬間から第一印象という意味づけが始まります。さらにそこで何か会話したり行動を共にしたりしていくうちに、何らかの意味づけがより深く大きく形成されるのではないでしょうか？

人に対する意味づけにはどのようなものがあるでしょう。よくあるのは「気が合う・合わない」という意味づけです。その意味づけの先に「苦手」という意味づけが登場してくるでしょう。

この人は自分と合うタイプだとか合わないタイプだとか……。どのようにしてその人に意味づけが起こっていくのかといえば、それまでの人生経験にともない認知脳が育まれ、あらゆる経験に対してその人固有の意味づけが起こってくるのです。

つまり、**過去の経験に基づいて今目の前にいる人を見てしまっている**のです。過去とはずっと昔からの経験もあるでしょうし、ついさっきの些細な相手の態度や行動、表情であるかもしれません。意味づけの背景には人類固有の典型的なものもあるでしょうし、その人に固有のものもあるでしょう。

例えば、約束を勝手にやぶるようなヤツは悪いヤツだ、というのは人類普遍の意味づけです。古今東西、約束を勝手にやぶる人はよい人だ、というような意味づけはないはずです。しかしここでは約束をやぶることが悪いことかどうかの評価はいったん横に置きましょう。ここで言いたいのは、ある傾向の行動に対して、わたしたち人類は何らかの評価という意味づけをする習性・性質があるということです。

日本人特有の意味づけもあるでしょう。例えば、接客においてはおもてなしの対応をするのが素晴らしいという先入観（意味づけ）があります。だからお店に入って素っ気ない態度の店員に接客されると、「何だ、アイツ。無愛想で嫌なヤツだ」という意味づけが生じムカッとすることでしょう。

素っ気ない接客に意味づけをして、ムカッとするのがいけないことだというわけではありません。人はすべての人に対して、意味づけという色眼鏡で見ているのだということを自分事として知っていただきたいのです。あなた自身もその例外ではないはずです。

その年代特有の他人に対する意味づけもあるでしょうし、高齢者特有の他人への意味づけもあるでしょう。それから、各家庭特有の他人への意味づけもあるのではないでしょうか？　その家庭で育まれてきた常識（ローカルルール）のようなものに裏づけされた意味づけです。

自分で当たり前だと思ってきた意味づけ、つまり固定概念とまったく違う価値観を持ち、行動する人に出会ったときに、「あり得ない」という意味づけが起き、それがきっかけとなって「合わない」とか「許せない」とか「間違っている」などの意味づけまでが生じていくことになるのです。これが、典型的に生じることの1つが、文化のまったく違う国際間でのそれぞれの国の常識です。

どんな人も本来は60兆個の細胞でできた生き物です。そこに発達・進化した脳によって言葉が生まれて意味で生きるようになった、それが人間なのです。**人間だけが人間関係に苦しんで生きています。学校、職場、家庭など、あらゆる場で歴史上も人は人に苦しんできているのです。それはこの意味づけの脳機能があるがゆえのことなのです。**

ライオン関係で悩んでいるライオンはおそらくいないでしょうし、サメ関係で鬱《うつ》になっているサメはいないでしょう。カブトムシ関係が上手くいかずストレスを抱えているカブトムシはこの世の中に存在しません……。人間だけが太古の昔から人間関係に悩み続けている生き物なのです。

それは進化ゆえの負の遺産でもあります。しかし、人間としての進化を今更手放すわけにもいきませんし、人間としての認知脳の機能を手放してしまうこともできない。認知脳のおかげで人間固有の行動もできるし言葉も使いこなせるからです。

人間関係の意味ダルマを転がし続ける自分を解放させるのは、他の誰でもない、あなた自身です。苦手な人がいなくなるメソッドはありませんが、苦手という意味に溺れる自分からいち早く切り替えて、新たな自分になって、人生を自分らしく生きるための魔法のメソッドをより多くの人にお伝えしたいと思っています。

ライフスキル脳
――機嫌のよさを自らつくり出す

前項では認知脳が文明を発達させる一方で負の遺産を残し、意味ダルマが転がっていく仕組みがどんな人にも搭載されているのだということを述べました。

この脳の暴走は人の心に〝揺らぎ〟〝とらわれ〟といった、不機嫌な心の状態を惹起してしまいます。すなわち、ストレスを抱えた心の状態です。

ところが一方で、人間はストレスをセルフマネジメントし、機嫌のよさをつくり出すことができる〝脳力〟も兼ね備えている生き物でもあります。しかしこの脳力は、ある程度意識して使っていかないと磨かれない脳の機能でもあります。

この脳の機能は磨いていかないと身につかないばかりか、機能自体がどんどん劣化もしてしまいます。

認知脳が起こす意味づけによる、外界頼りの機嫌のよさではなく、**外界に依存する**

ことなく自らをもって心に機嫌のよいフローな風を吹かせる脳の機能を「ライフスキル」と呼び、認知脳に対応して「ライフスキル脳」と呼んでいます。

自分の心の状態からストレスをリリースして自然体な心を導く脳機能と言ってよいでしょう。それをわたしは第二の脳と呼んでいます。

第一の脳は認知脳です。外界と常に接着しながら意味づけを起こし、行動を人間に促すメインの脳です。一方、ライフスキル脳は心の状態を外界と関係なくマネジメントして切り替え、少しでも自然体な平常心に導く脳で、あくまでも第二の脳でありサブ的な存在になります。

しかし、この脳の機能を有していくことは人間関係を円滑にするためにも、意味づけから解放されてどんなときも自分らしく生きていくためにも、必須だと言えます。

この脳は人間関係のストレスに限らず、自分の心の状態を外界から離れて整えていきます。心を整えることによりパフォーマンスの質の向上に結びつくことから、応用スポーツ心理学で重要視されている脳の仕組みでもあります。上質なパフォーマンスが求められるスポーツの現場で育まれる、心技体の「心」を支えるアスリートに必須の脳というわけです。

一般社会に生きるわれわれにとっても、日々の生活をアスリートにとっての試合だと考えると、あらゆるシーンで集中力を高めて仕事のパフォーマンスを上げ、人間関係を円滑にする必要があります。ライフスキル脳はそれを実現する、すなわち人生を豊かにするためにも必須の脳なのです。

だからこそ、みなさんにはぜひ身につけていただいてさまざまな人間関係に役立てていただきたいと思います。

そして、この脳は応援思考によって活性化します。応援がスイッチになって起動します。応援は認知脳でもできますが、それではなかなかフローな風は吹きません。またライフスキル脳の起動のスイッチは応援以外にもいくつかあります。詳しくは後述します。

ここからは、認知脳の暴走を鎮静化させる4つの気づきについて説明します。

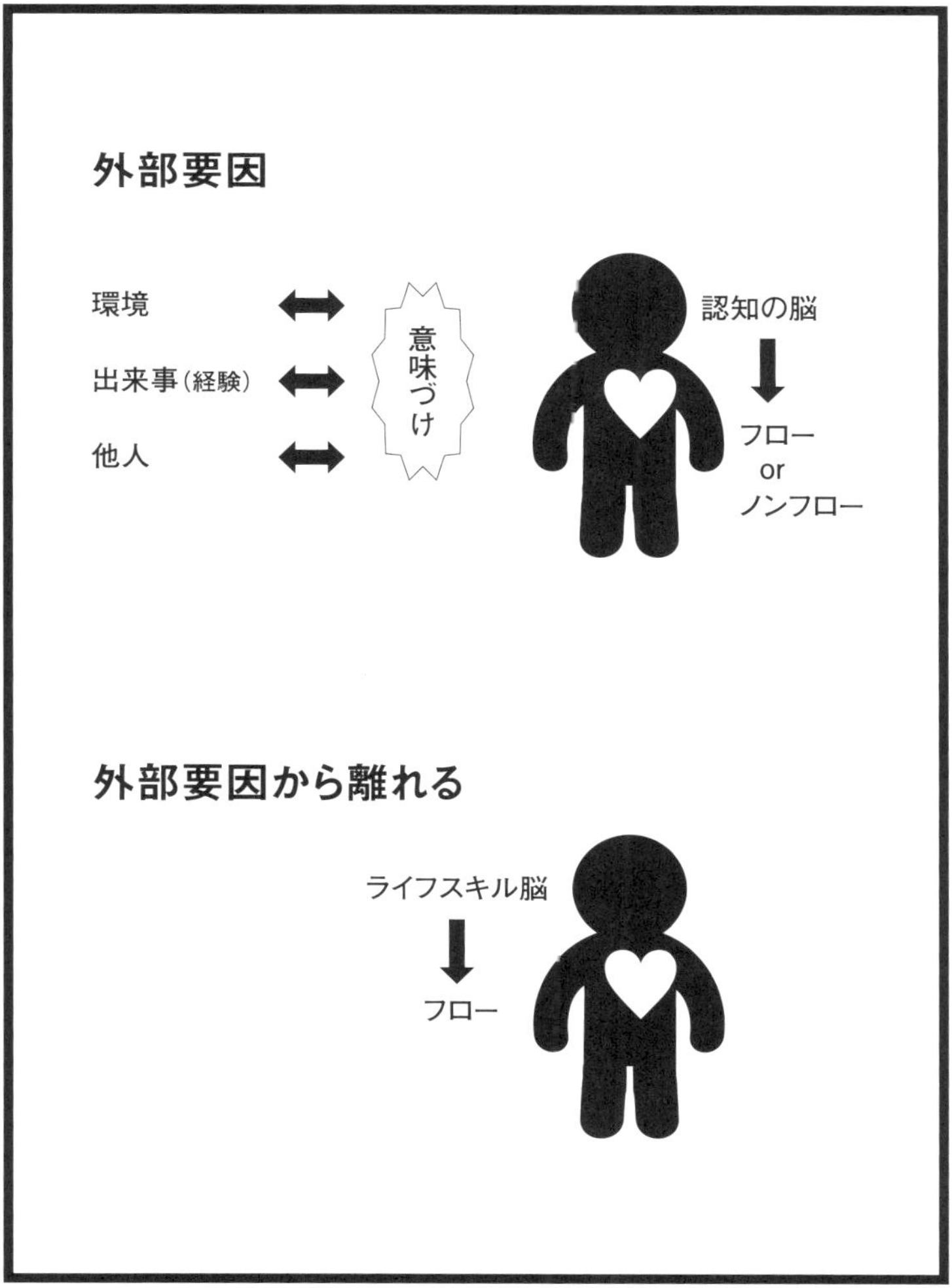
外部要因
環境
出来事（経験）
他人
意味づけ
認知の脳
フロー
or
ノンフロー
外部要因から離れる
ライフスキル脳
フロー

意味づけへの気づき

――自分の内側を眺める

ライフスキル脳の役割の1つは、認知脳の暴走を落ち着かせたり、認知脳の働きを正常化させることとです。認知脳は外界、つまり外に向いて行動を促すための脳機能です。一方で、暴走を起こし心をノンフローにするリスクを負っています。この暴走を鎮静化し認知脳の正常化を起こすためには、内側向きの脳を働かせる必要があり、それが第二の脳であるライフスキル脳です。その働きによって、認知能もバランスが整えられるのです。

内側とは自分自身です。自分に向ける脳を働かせるということは、自分自身への気づきを起こすことに他なりません。では、自分自身への気づきとはいったい何でしょうか？　自分自身といえば、第一の脳である認知脳です。これによって人間は支配されているのです。**自分への気づきとはこの認知脳の働きについての気づきなのです。**

つまり、自分が行っている意味づけに気づくことです。本来は意味のついていないものに意味をつけて思考が暴走しているということに気づく、これがライフスキル脳の大きな役割です。

この章の前半で意味づけについて詳しく述べたように、どんな人にも本来は意味などついておらず、そこに自分が勝手に意味づけをして、心にさまざまな揺らぎやとらわれを起こしているというのが真実なのです。

そのような意味づけを起こしている自分自身に気づくことがライフスキルの極意であり、人間関係の悩みから解放される始まりの一歩でもあるのです。人間関係を環境や出来事など外界の問題を解決するかのごとく、行動や道具で解決しようとしてもダメなのです。

人間関係を劇的によくする秘訣は、自分の機能を上げてあらゆる種類の人間とつき合えるような自分自身をつくっていくことです。そのためには外界への意味づけに気づき、意味という鎖から解き放たれることが必要です。

その鎖は自らつくり出した意味によりつくられたということに気づき、その鎖を外さなければなりません。その上で自分を機嫌のよい状態、すなわちフロー状態に導いて他者に接していく、それしかないのです。そのような自分づくりができれば、意味の鎖から解き放たれて自由な自分を発見できるはずです。

他人を変える魔法はありません。人間関係を良好にする魔法の行動もありません。しかしながら自分が機嫌よく生きるための魔法は確実に存在します。それがライフスキル脳の活用です。すでに搭載されているあなたの脳（認知脳）に、自分をご機嫌にするための第二の脳をインストールすればいいのです。

感情への気づき

――自分を客観化させて全体を見る

認知脳の暴走を鎮める2つ目の気づきは感情への気づきです。

繰り返しますが、認知脳は外界の環境・出来事、そして本書のテーマである人間関係に向けて脳を働かせていきます。この外側に向いた脳はちょっとしたことで暴走していきます。暴走は意味ダルマを転がしノンフローの海に溺れそうになるまで進み続けるというわけです。

そこで外界ではなく、自分自身という内側に向けた脳を気づきという形で働かせ磨くことで脳にバランスがもたらされて自分らしく対処できるようになるのです。

感情もまた自分自身です。「自分の感情に気づく」というと簡単なようですが、実は多くの人はそうした脳の習慣がありません。認知脳は外界・意味づけ・行動などを司りますが、感情は自分の内側になるので担当ではないからです。ですから自分の内側に生じている感情に気づく練習をしなければなりません。

ライフスキル脳は自らの内側を担当し、感情に気づく役割を果たします。この気づきによって、認知脳の暴走を鎮静化してくれるのです。

感情への気づきは慣れないと上手くできません。人間は認知脳を第一の脳として生きているため、ついつい環境や出来事、他人への気づきのほうに思考がいきがちです。

感情に気づいてください、と言うと、「誰かにキツイことを言われた」とか、「電車の中にこんな人がいた」とか、「息子がこんなことをしでかした」とか、「夫が家事を手伝ってくれない」……などを言いがちですが、おわかりのように、これはすべて外側で起きた出来事であって、自分の内側に起こった感情ではありません。

さらにわたしがセミナーなどで参加者の方に、自分の感情に気づくワークショップをやっても、今抱えている問題が噴出してきて「逃げたい」とか「辞めたい」とか「投げ出したい」とか「やり込めたい」などを挙げる人がいますが、これも感情ではなくすべて考え（欲求）です。すなわち、認知脳がどのような行動を取るべきなのか、あるいはどのようなことをしたいのかを判断しようとする思考なのです。

感情とはそのような状況の中で、自分自身の心の状態という概念として表現できるものです。思考とは違ってあくまでも内側にある自分の心の状態として表現できる概念を指します。「嬉しい」とか「悲しい」とか「ウザい」とか「面倒くさい」とか「がっかり」とか「ムカつく」とか「嫌だ」などの表現はわたしたちが心の状態として感じるものです。

どのような心の状態が今自分の中に生じているのかということに気づく練習が必要です。**出来事や思考ではなく、それらによって起きた心の状態に気づき表現してほしいのです。**

自分事といっても、身体の状態ではありません。「眠い」とか「痛い」とか「だるい」などは、心の状態の表現としては違います。心の状態は目に見えませんが、認知脳の意味づけによって起こる内なるさまざまな感情に気づくことがライフスキル脳の役割です。

感情に気づけるようになると認知脳の暴走が鎮静化され、フローな風が自分自身の中に吹いてくれます。

例えば、仕事においてあるプロジェクトが計画通りにいかず失敗に終わったとします。そういうときも、自分はそういう事実を受けてどう感じているのかを観察するのです。「ああ、自分はがっかりして落ち込んでいるな」と気づく。ただそれだけのことですが、自分を少し距離を持って眺めることになります。また、そうすることで漠然とした不安感からも解放されるでしょう。

もし、自分の感情に気づかずさらに頑張ってみてもカラ元気でまた失敗を積み上げる可能性もありますし、あれは自分の責任ではなく同僚の◯◯のせいだ、などと人のせいにすることもあるかもしれません。

つまり、自分の感情を客観的に見ることとは、意味の世界に絡め取られ、やみくもに前進することしかない認知脳に支配された自分にやわらかくブレーキをかけることができるのです。

他人を変えることはまずできませんが、どのような状況でも自分の心の状態に生じる揺らぎやとらわれに気づき解放されて、少しでも機嫌よくその状況に対応していくだけでも画期的に人生は好転するはずです。

知識の裏切りへの気づき

——人間は常に人間的ではない

人間関係改善のためにはもう1つ重要な気づきがあります。

それは、人間が本来は人に対して「こうすべき」だと知っているにもかかわらず、大した理由もなくそれを裏切ってしまうことへの気づきです。

電車で7人掛けの席に6人が座っていて、目の前に立っている人がいたとします。わたしたちは、本当は皆が少しずつ詰めてあげてその人に座ってもらえるようにした方がいいということを知っているはずです。

ですが、たいした訳もなくそれを裏切ってしまうことはないでしょうか？

眠ったふりをしたり、本やスマホに集中して気づいていないふうに装ったり。この場合は他人なので、その後人間関係がもつれることはありませんが、これが仲間や知り合いだとどうでしょう。

フローな人間関係がそこには生じません。この発端は知識の裏切りです。近しい人間関係の中でもこのように「箱に入って」しまったかのようになり上手くいっていないことが多いのではないでしょうか?

人間関係がうまくいかない状態を「箱に入っている状態」とアメリカのアービンジャー・インスティテュートは表現しています。本書ではわかりやすくノンフローな状態、何かに〝揺らぎ〟〝とらわれ〟ている状態と表しています。本当は人に対して◯◯した方がよいという状況で、それを頭では知っているのに、大きな理由や意味もなくそれを裏切る仕組みが人間にはあるのです。そして、そのようなときのノンフローな自分の状態を「箱に入る」と表現されています。

例えば、こんなことはないでしょうか。

まだ幼い子どものいる3人家族がいます。産後、職場復帰した奥さんが夜中も子どものために起きておむつを換えたりミルクをあげたりしながら格闘しています。

そんなある夜に子どもが夜泣きをして旦那さんが先に目を覚ましたとします。旦那さんは子どもと奥さんのために、たまには起きておむつを換えたり、ミルクをつくってあげた方がいいということを頭ではわかっているでしょう。少し考えれば誰でもそうした方がいいとわかることです。

ところが旦那さんはベッドの中で、その知識を勝手に裏切ります。「やっぱり面倒くさい」くらいの理由で。その瞬間に旦那さんはベッドの中で、〝箱に入って〟自己正当化を始めるのです。

まずは頭の中でこう考えます。「俺も仕事が忙しいんだ」「明日も早起きしなければならないし」「彼女は復職しても子どもの面倒をみると言ったのだから」などと〝しなかった〟ことの理由を探します。認知脳の暴走です。

そして、奥さんを無理に起こそうとしたり、ひどい場合には、足で蹴飛ばしたり……。奥さんはただ疲れて夜泣きに気づかず眠っていただけなのです。

本来、旦那さんも冷酷な人ではありません。これまでもやさしく思いやりを持って奥さんとの人間関係も築いてきました。そうした方がいいということは知っているのです。ちょっとした知識の裏切りが夫婦の間にノンフローの溝をつくってしまうことになりかねません。

旦那さんは翌朝も「箱に入った」ままの状態なので、いつも通り「おはよう」の挨拶をしたり、笑顔で話すことができないでしょう。**人間関係の劣化の始まりは、実は**

こんな日常的なことからでも起こるのです。

知識を裏切ってしまい箱に入ったままでは、その後どんな行動を取ったとしても関係の解決には至りません。ノンフローのまま、自らの過失を認めて謝ってみても人間関係の改善には繋がらないでしょうし、箱に入ったままコミュニケーションをしても余計にこじれてしまいます。もちろん、謝罪の意味を込めて何かプレゼントしても逆効果。行動や物で対策・対処しても人間関係は改善できないということなのです。では、人間関係の劣化の始まりを改善、あるいは予防する方法とはいったい何でしょうか？

まずは自分が箱から出てフローな状態になるしかありません。それではどうすれば箱から出られるでしょう。その答えこそが、**知識の裏切りをして箱に入った自分に気づく**ということであり、それしかないのです。

行動や外界に解決策を求めても、決して箱からは出られません。理詰めで考えてしまうと、やはり自分は悪くないと正当化を始めたり、相手を責める気持ちが生じます。自分自身が勝手に知識を裏切り「今、箱に入っているな」と気づけば、自然と箱から出られる方向にいくのです。

すなわち、自分の心の状態がノンフロー状態に傾いているということに気づき、それは知識の裏切りという人間の普遍的な仕組みを自らが破ってしまったからだということに気づくのです。

この気づきにより、箱から出た自分、フローな自分、〝揺らがず〟〝とらわれず〟の自分らしい自分を取り戻すことができるのです。そしてフローの価値、つまり箱から出ていることのバリューを自分のものにしていれば、フローな状態は必ずやってきます。そのことについては詳しく後述します。まずは自分が気づくことで、どんな人間関係も劇的によくしていくことができるのです。

人間関係をよくするのではなく、人間関係がよくなる自分づくりこそが本書の願いでもあります。

不快対策思考への気づき
――認知脳が陥りがちな4つの盲点

わたしのメソッドは、意味づけをしてはいけないというものではなく、ネガティブな感情を持ってはいけないというのでもなく、また知識を裏切ってはいけないというものではありません。

人間はそれらのことでノンフローになり人間関係の不安定性をつくりだしてしまっているのだということに気づいていきましょうという、メッセージを送っているわけです。

とにかく、気づきの力を磨き、まずは自分自身をいつでもどこでも機嫌のよい状態に少しでも傾けていくことが何よりも大切なのだということを強く申し上げたいのです。

その点で他の人間関係の解決書とは一線を画しているのが本書であり、また読者のみなさんも「そんなことでいいの？」という思いが生じているのかもしれません。

しかし、気づきの力は人間関係において絶大な力を発揮することになります。多くのみなさんがその可能性を低く見積もりすぎているような気がします。

さて、**人間関係の悩みをライフスキル脳で対処する習慣がなければ通常は認知脳のやり方で対処しています。この対処法を「不快対策思考」とわたしは呼称しています。**どのような思考なのかをご説明していきましょう。

結論から先に申し上げると、この不快対策思考では揺らぎやとらわれの心の状態からフローに導くことはできません。この思考のすべてが結局はとらわれているからなのです。

不快対策の1つ目は**「外界を変えようと考える」こと**です。人間関係を不快対策思考で考えてみるとこうなります。自分にとって苦手な人、合わない人が、自分にとって都合のいいような人間に変わってほしいと考え、願うのです。もしくはその人が自分の前からいなくならないかな、などと。

しかしどうでしょうか？　みなさん、すでにおわかりのように、他人は簡単に変えられないですし、その人がこちらの願い通りに目の前からいなくなることなど、ほぼあり得ないでしょう。

外界を自分の都合のいいように変えたくなるのが認知脳の宿命ですが、対人関係においてはほぼ不可能であり、結局は認知のとらわれから自由になっていないので、何の解決策にもならないのです。

2つ目にしばしばやってしまいがちな不快対策が**「行動を起こす」こと**です。認知脳は行動を起こすことで何とかストレスをマネジメントしています。例えば、人間関係が上手くいかない場合、その場から逃げ出す、戦うつまり喧嘩する、距離を置いてつき合うなどを選択して実行します。あるいはその人とは直接関係のない行動、例えばお酒を飲んだり食事をする、マッサージに行ったり旅行をすることで気分を変える。ただし、直接関係のない行動ではストレスを誤魔化しているだけで、人間関係の問題から解放されることはありません。

行動はそもそも、いつでもどこでもできるわけではありませんので限界があります。**人間関係を改善する「魔法の行動メソッド」など、残念ながらない**のだと思います。ただ、人間は認知脳を第一の脳として生きているので、行動解決型になるのは仕方がないことでもあります。

３つ目の不快対策思考は、人間関係の悩みやその原因となっていることを**「気にしないようにする」こと**です。あえて気にしないという思考は、実はまだその問題や原因に接着しているので、結局は気にしていることになります。

「あの人のことなんて気にしない」と周囲に宣言するような人は、実は気にしていると宣言しているようなものです。実は考えてしまっていてとらわれの状態からは解放されていないことになるのです。

いろいろ考えて気にし過ぎてしまうので、あえて気にしないようにしたり、考えないようにするのですが、結局はそこに揺らぎととらわれのノンフローな心の状態が継続しているのです。それでは辻メソッドで推奨しているような人間関係の解決には繋がっていかないわけです。つまり自分自身にフローな風がちっとも吹かないのです。

そして、最後４つ目の不快対策思考が**「プラス思考」**です。

人間関係あるいは人に対する意味づけを、無理やりプラスにしていこうという考え方です。「いつも怒る上司の○○さんは、実は自分のために怒ってくれているのだ」とか、「あの苦手な□□さんも、いいところがあってそれに気づけば好きになれる」とか、これまでに形成された自分自身の人間関係上の意味づけをすべてプラスにしていこうと捏《こ》ねる思考です。

　上手く意味づけを変えたり、新たな意味づけを上書きできるのであればいいのですが、人はそう簡単にはいかないもの。人間は意味の生き物ですが、その意味づけの傾向を一瞬でプラスに変えたりはできないのです。

「プラス思考の効果は絶大なり」という神話のようなものがあり、他人を苦手だと思ってはいけないとか、嫌だと感じてはいけない的な風潮がありますが、どのような意味づけも本来は自由です。ネガティブな意味づけをしないようにする、あるいはプラスの意味づけを無理やりするのではなく、辻メソッドでは意味づけしている自分に気づきましょうと提案しているのです。

　すなわち、このような不快対策思考で人間関係を改善しようとしている自分に気づくことです。不快対策思考をしているうちは自分自身に最も大事なフローの風は吹きません。

　極論を言えば**人間関係そのものが問題なのではなく、自分自身がどのような気分で生きているかのほうがはるかに重要な問題**なのです。

　大事なことは、自分にとってもフローな心の状態でいた方がいいし、どんな人間関係がそこにあろうと自分自身がフローであれば、万一、関係性が改善しなくてもそれはそれでいいのではないかということです。しかし、自分がフローであれば結局は関係性は必ずといっていいほどよくなるのも事実です。そのことに気づけていない人がたくさんいるように思います。

認知脳の暴走から始まる人間関係の問題を、認知脳による不快対策で対処しているのは、臭いものにまた違う臭い匂いを重ねて誤魔化してしまっているようなものです。それでは認知脳が暴走を呼び起こし、暴走が暴走を生んでしまうのです。まるで人間社会でいまだになくなることのない最悪の人間関係、すなわち戦争のように。

ご機嫌に価値があるか？

――バリューを常に意識すること

気づくこと、ただこの気づくということによって人間関係に悩み暴走している認知脳の機能が正常化するのです。そこで人間関係に揉まれた意味ダルマの転がりがストップします。

そこからさらに自分自身を機嫌のよい方向に持っていくために重要なライフスキル脳の習慣があります。〝揺らがず〟〝とらわれず〟のフローな心の状態に自分自身の価値があるかどうかを徹底的に考えるということです。価値を見つけ、価値化を強化するためにも考えることが必要です。

機嫌がよい状態はあなたの人生にとってどのような価値があるのでしょうか？　機嫌が悪いよりも機嫌がよければどう違うのでしょうか？

機嫌のよいことのバリュー（価値）を書き出してみると……よく眠れる、アイディアがよく出る、健康になる、仕事が進む、ミスが減るなどなど、いろいろあるでしょう。一方、人間関係で自分の機嫌を手放してしまうということは、これらの価値をも手放すことになるのです。

あなたの機嫌を悪くしたその人は、あなたの人生に何ら責任を取ってくれません。その人のせいにしたところであなたの機嫌は戻らないのです。もちろん、不快対策思考をしてもあなたにはフローな風は決して吹くことはないのです。

人間関係を原因にして多くの人が認知脳を暴走させ、上機嫌の価値を手放してしまっている状況があります。そうでなければ、電車の中や街を歩いてこれほど不機嫌そうな人が多く目につくことはないでしょう。日本人は経済的に発展するにしたがって逆にかつての元気を失った、くらいのことは昔から言われてきましたが、最近では電車の遅れに腹を立てて駅員に詰め寄る人や、立場上強く出られない飲食店などの接客係の人に暴言を浴びせるような風潮があるのは残念なことです。

自分の大事な機嫌を他人に任せるべきではないということが辻メソッドの考えの基本です。自分にとって価値のあるものなのだから、自分でしっかり確保しましょう、ということです。

さらに人間関係における機嫌のよさの価値を考えてみましょう。

機嫌がよい方が人にやさしくなれる、機嫌がよければ人の話がしっかり聴ける、機嫌がよければ人に笑顔で接することができる、人から気持ちがよいと褒められる、多くの人と仲間になれて友人が増える、などなど、人間関係における価値も枚挙にいとまがないほどあるはずです。

この大切な価値を認知脳の暴走によって自ら手放してしまっているのです。何ともったいないことでしょう。誰かがあなたの機嫌を取ってくれるから機嫌よくなるのでしょうか？　誰かに機嫌を取ってもらうまであなたは機嫌悪く生きるのでしょうか？　自分の人生における宝物としての機嫌を人任せにするのか、自分で気づき手もとに戻すのか、これまた自分で決めるしかないのです。

日々、機嫌よく過ごすことの価値を考えていきましょう。

機嫌のよいことの価値

自分にとって

1　よく眠れる

2　アイディアがよく出る

3　健康になる

4　仕事が進む　……など

人間関係において

1　人にやさしくなれる

2　人の話がしっかり聴ける

3　人に笑顔で接することができる

4　人から好かれる　……など

あるがままに
——あなたのデフォルトは上機嫌

Let it go（レット・イット・ゴー）という英語の歌とともに、「ありのまま」あるいは、「あるがまま」という言葉が日本で流行ったのはつい最近のことです。これは自分自身のありようのことですが、人間関係においても大事な言葉と言えると思います。

自然体、すなわち意味にまみれた状態ではなく、〝揺らがず〟〝とらわれず〟の状態でいれば、自ずと人間関係は好転するはずだからです。

人間には本来、愛の遺伝子というべきもの、あるいは先天的なスキルとしての愛があると、わたしは信じています。

その阻害因子は何でしょうか。そうです、繰り返し述べてきた通り、ノンフローな自らの心の状態なのです。わたしはこのノンフローこそが、誰もが備えている普遍的なスキルとしての愛を阻害していると考えています。

だから、まずは心をノンフローからフローな方向に導くことさえできれば、自ずと人間関係は愛に基づき好転することになるのです。フローとはまさに自然体の状態です。自然体でない、つまりあるがままではないときは、必ずと言っていいほど認知脳の暴走が起こっているからです。

機嫌のよい状態こそが人間にとっての自然体なのです。そう言ってもにわかには納得できない人もいるでしょう。むしろ、自分のデフォルト（初期設定）は機嫌の悪い状態で、それが自然体ではないか、と。そう思い込んで生きているのです。

しかしながら、誰もが幼少時代を送ります。まだ幼い子どもをよく観察すればわかりますが、たいていの子どもは機嫌がよく、いつも笑顔でそれこそフローな風が常に吹いている状態です。もちろん、お腹が減ったり体調が悪かったりすれば機嫌が悪くなりますが、すぐに機嫌が直ります。

誰もが、幼少期は柔らかな心を持っていたのです。大人になるにつれて、認知脳が発達し、さまざまな問題、特に人間関係に意味をつけて悩み始めます。外界の中で一番うまくいかない、そして自分の思い通りにならない人間関係に悩み始めます。そうしていつの間にか機嫌の悪い状態がデフォルトになってしまっているのではないでしょうか。

機嫌のよい自然体の人の周りには人が集まってきます。あなたはどのような人とおつき合いしたいでしょう？

周りの人にご機嫌であることを強要する前に、自らが自らのためにそのような自然体の生き方を、ライフスキル脳を磨いて実現していただきたいと思います。

思考が自分をつくる

——今、見直されるべきライフスキル脳の価値

人間社会という嵐の中で、自分らしく自然体に、あるがままに生きるためには行動解決型では限界があります。歴史がそれを証明していると言っても過言ではなく、これだけ文明が発達してさまざまな道具やメソッドを人間は開発してきましたが、人間関係の問題解決に至ったものはいまだにありません。

その証拠に現代においても、喧嘩は絶えないし、あちこちでもめごとは起こっているし、人間関係によるストレスは解決されることなく、鬱も増える一方……。

これほど高度な脳を持つ生物なのに、お互いを殺し合う戦争や紛争すらなくなっていないのです。文明の発達ではこの人間関係の問題は解決していないのです。むしろ、文明の発達により人間が脆弱《ぜいじゃく》になり、問題はますます悪化してしまっているのかもしれません。

このような永きにわたる遠大なる人類の歴史的背景の中、問題解決の糸口は実はちっぽけな一人の人間、つまり原点は自分自身なのです。自分の心に目を向けるところから問題の解決は始まるのです。まずは機嫌のよい心の状態をつくり出せる「自分づくり」が重要なのです。

自分とは脳の機能そのもので、思考こそが自分という環境を形成しています。思考を磨くことが自分を磨くことになります。知識を意識にして思考の習慣を持つのは簡単です。繰り返し意識してその意識により体感することを強化していけばいいのですから。

前述した通り、思考はエネルギーです。思考習慣を持つということは自家発電型のエネルギーを生み出す装置が搭載されていることに他なりません。エネルギーを生み出す思考が機嫌のよさを自ら生み出すということなのです。すなわち、思考が心にフローの風を吹かせてくれるのです。そんな仕組みが人間には本来備わっているはずです。

しかし文明の中で、多くの場合は認知脳による外界に対処する思考で脳は大忙しです。人間関係を解決する方法を求めていますが、先にも述べたようにそこには答えなどありません。

人間関係を劇的によくするのは自分自身しかありません。この世の中で闘い生き残り自分らしく幸せになるために最も重要なのは自分自身の心の状態です。心の状態をマネジメントする思考は認知脳による思考ではありません。心のための思考習慣を脳の中に搭載するのです。心のための脳機能がライフスキル脳であり、心にフローの風を吹かせる思考が重要なのです。それは、禅の思考にも通じています。より詳しく知りたい方は拙著『禅脳思考』（フォレスト出版）をご覧ください。

このような内省的な思考が身につくにしたがって、人間関係の課題がいつの間にか改善していることに気づくに違いありません。外側に安易な解決を求めるよりも実は画期的な方法なのです。

この画期的で、かつ簡単な方法こそ、本書で紹介しているライフスキル脳の活用なのです。残念ながらこの脳の機能は訓練しないと身につかないので、多くの人は搭載することなく生きています。認知脳の発達とともに歴史的には劣化してきてしまった、あるいは認知脳の進化に追いついていけず置いてきぼりにされてしまった脳であると言えるでしょう。

さて、そこでみなさんはどうしますか？　答えのない人間関係に、有効な道具や方法を探し続けて悩むのか、さっさとそんなメソッド探しはやめて、自分自身に目を向けて、自分の心のための脳磨きに切り替えるのか、決めるのはあなたです。しかし、あまり重く受けとめる必要はありません。

あなたさえ決意すれば、**ライフスキル脳は誰でも自分のものにできます。ＩＱも学歴も遺伝子も性別も年齢も職業も一切関係ありません。**ご機嫌に対する価値を自分のものにして、意味づけや知識の裏切りに気づき、心をご機嫌に、ただあるがままに生きていけばよいのです。誰でもそれはできることです。

本書をきっかけにライフスキル脳をインストールし、その機能を磨いてください。それが最短かつ最良の人間関係解決法なのです。

第2章

応援は自分を元気にする!

～自分の心を自分でご機嫌にする～

自分のために与える

――自分のためが人のためになる

人は与えられればフローになります。

しかしながら、与えられてフローになるのは相手依存です。人はあなたが思ったように与えてくれないし、くれたとしてもほしいものではない場合もあるし、貰ってももっとほしくなる……。与えられるだけでは、実は安定的に自分の心をフローにはできないのです。つまり、機嫌を持っていかれるリスク満載です。

子どもの頃、どうしてもほしいおもちゃがあったとき、親に頼んで買ってもらうとすごく嬉しかった記憶がみなさんにもあるのではないでしょうか。逆に、買ってもらえないと、駄々をこねたり泣いたりして親を困らせたかもしれません。

子どもの頃は、それが当たり前ですが、社会に出て組織の一員として仕事をするようになったら、それでは立ちゆきません。

自分の機嫌をサンタクロースに頼ってはいけないのです。サンタは年に一度しか来てくれないし、必ずしもほしいプレゼントをくれないしリスキーです。

大人になれば、そもそもサンタクロースはいないことを知っています(笑)。加えて何かを誰かに与えてもらうことでしか、自分の機嫌をよくできないのでは〝大人〟として成熟しているとは言えないでしょう。何より、与えられるだけの相手依存の生き方は、いつもノンフローに陥りがちで、人間関係の安らぎは決してやってこないのです。

一方、人は与えることでもフローになります。

ほしかったプレゼントをもらえば嬉しくて機嫌よくなりますが、自分があげるときも機嫌がよくなっていないでしょうか。**恋人やパートナー、友人の喜ぶ顔を想像しながら最適なプレゼントを選び、手渡す瞬間はもらう方より、与える方が笑顔なのではないでしょうか。**

そして、この本の真髄である思考がここにも応用できます。そうです。与えようと考えているだけで自分自身にフローの風が吹くのです。

この法則は、前章でも出てきた「フォワードの法則」です。この法則によれば、与えれば自分の機嫌がよくなる。与えると考えるだけでも自分の機嫌がよくなるわけです。

「他者から与えられる⇩自らまず自分のために与える」。このように考え方をパラダイムシフトしていくことが、人間関係を劇的によくするためのヒントと言えるでしょう。「与えよう」と考えるのはいつでもどこでも誰でもができるはずです。だからこそ魔法なのです。

与えるのは、モノやお金ではありません。もちろん、たまのプレゼントなどはよいのですが、モノやお金には限界があるので実際に与え続けているとなくなってしまいます。ここで言っているのは、エネルギーを与えるということです。

エネルギーは与えれば与えるほど、フォワードの法則に基づき増えていくのです。相手が喜んでくれた分、こちらの喜びが減ったというようなことはないはずです。相手が幸せを感じた分、こちらの幸せが減ってしまったということも決してないでしょう。もちろん、相手が元気になった分、こちらの元気が削り取られたなどということはありません。

相手が喜び、幸せを感じ、元気になるよう考えれば考えるほど、それはあなた自身

にエネルギーを生み出しフローなあなたを自らつくり出していくことになるのです。

この法則に気づいて実行できる人は、人間関係における悩みを手放して生きられるのです。日本人は比較的この法則を体得している国民なのではないかとわたしは思います。おもてなしやきめ細やかなサービスはまさに自己犠牲ではなく、そのようにした方が自分の気分がいいからできるのです。日本人は、相手のためになるという思考が自分の気分をよくしてくれることを体感的に知っているから実行しているのだと思います。それはさまざまな場面で経験的に培われてきたことでしょう。

日本人にはフォワードの法則の遺伝子が長い時間をかけて組み込まれているはずですが、認知脳ばかりを発達させて、いつの間にか「与えられること」にばかり慣れてしまった結果、「与えること」の喜びの経験がなくなりその仕組みが風化してどこかへ消えかけてはいないでしょうか。

自ら積極的に「まずは与える！」と考えていきましょう。不思議とさまざまな経験がこの法則によってあなたにもたらされるはずです。「自分のために与える」と、今この瞬間から考えてみませんか？

嫉妬より応援

——機嫌よく生きる知恵としての応援

与える思考の王道こそが、応援です。

すなわち、応援とは相手にエネルギーを与えることで自分自身が元気になれるという「フォワードの法則」そのものの思考です。

「応援は相手のためにするものだ」とほとんどの人が思っています。しかし、**応援の本来の意義は、自分の心にエネルギーを生み出すこと、つまり機嫌よく元気に生きるための人間の知恵なのです。**人を応援することの多い人は、自分自身がそれによって元気になることを知っているのです。

応援の反対とも言うべき思考が嫉妬です。嫉妬はエネルギーを相手から奪おうとする思考です。つまり嫉妬は、自分そして相手をもノンフローにします。認知脳は自分を他人と比較したり、他人への嫉妬を生み出す傾向があります。動物界でも知能の高い猿や犬には嫉妬に近い現象が見られるようですが、認知脳の優れた人間のようにしばしば嫉妬することはないでしょう。嫉妬は人間関係を悪化させることはあっても、よくすることはありません。

まずは、嫉妬している人自身がノンフローになっていることに気づかなければなりません。極端な例ですが、藁人形を打っている人がフローであるはずがありません。成功や幸せは人の数だけあるのですから、嫉妬したり人の足を引っ張ったりしたとしても、現実的に自分が成功したり幸せになることはなく、心はまったくフローにはならないのです。ただただとらわれて、そして自分の心の機嫌を失っていくだけなのです。

ところが嫉妬はある意味で人間にとってごく自然なことなので、嫉妬はよくないと知識として知っていても、裏切りつい嫉妬してしまうのです。嫉妬も人間の仕組みの1つであるということです。

嫉妬が何ももたらさないばかりか自分をノンフローにすると知ることが重要ですが、ただ知っているだけでは、人間は前述のように感情に任せてその知識を簡単に裏切る生き物なのです。

そこで**応援の思考でいる方が自分の機嫌がよくなることを体感としてつくっていくことが、嫉妬すなわち認知脳の暴走を止めてくれる**ようになるのです。応援思考の価値をしっかり自分のものにしていきましょう。

しかし応援も、5W1H「いつ（When）、どこで（Where）、だれが（Who）、なにを（What）、なぜ（Why）、どのように（How）」で考えてしまうとたんに難しくなります。認知脳が働き始めて下手をすれば暴走し、「やっぱりあの人だけは許せない」「何で俺がアイツにそんなことしなければならないんだ」などと嫉妬の方に傾いてしまうでしょう。

ここで大事なことは、**理由などから離れてただ〝がんばれ〟と考えることの価値を体感してほしい**ということです。もしくは応援しようとただ考えることが自分の気分をよくするという体験を増やしましょう。

チアリーダーをご存知だと思います。野球やアメフトなどのスポーツの場で、応援する人たちをリードする人たちです。彼女たちはプレイヤーたちを応援するためにも、まずどんなときも自分たちが応援の思考を有し、応援することで、自分たち自身を元気にしているのです。それこそが、彼女たちのチア・スピリットと呼ばれるものなのです。

自分たちが元気でいるということが実はプレイヤーたちのためになるのです。また客席の応援する人たちをリードするためにも自らがもっとも元気でいることの責任を果たしているのです。自分の元気を自分でつくり出すためにチアリーダーは応援しているのです。

まず自分から明るく元気であるということが、応援する仲間からもリーダーとして慕われ、またプレイヤーたちのためにもなるのだということを実践しているのです。

わたしは会社組織や家庭においても、役職や立場などを超えて、**みながチア・スピリットを持って生きることこそが、この人類を延々と苦しめ悩ましてきた人間関係解決のためのもっとも大切な鍵**だと考えます。

繰り返しますが、**応援思考は自分自身の機嫌をよくするための魔法のスイッチです。**自分が機嫌よくできれば自分自身にとってもいいし、そのこと自体が周りをご機嫌に導くのです。

そして、応援を与えられた人もさらにエネルギーは増加することになり、どんどん人間関係の好転が起こり始めるわけです。自分の周囲の人に対して、できるだけ頑張れとか応援しようと考えることを意識して、この思考の習慣をしっかりと自分のものにしてほしいと思います。

ご機嫌な人に人は集まる

――応援する人もされる人も機嫌がよい

「機嫌が悪くて何が悪い」というひねくれ者は時々いますが、機嫌が悪い人と一緒にいたい人はいません。機嫌がよいということの価値を忘れて、自分の機嫌を簡単に手放してしまい、機嫌の悪い状態が自分のデフォルト状態なんだ、機嫌悪く過ごすことが人生なんだ、と思い込んでいる残念な人はいるかもしれません。

そういう人も、本当は機嫌がよい方が自分にとっても他人にとってもよいことであると心のどこかではわかっているはずですが、長年にわたって機嫌悪く生きてきたために「機嫌なんて悪くてもいいじゃないか」と思い込んで価値を手放し、生きているのではないかと思います。

わたしが講師として招かれる会社の研修などでも「わたしの機嫌が悪くて何が悪いんだ。大きなお世話だよ」「機嫌くらいわたしの好きにさせてよ」と、機嫌のよくない人がいらっしゃるのは事実です。しかし、そんな人でさえ、「うちの嫁はいつも機嫌が悪くて困るんだよ！」などと嘆いていますす（笑）。

つまり、どんな人も例外なく機嫌の悪い人と一緒にいるのは嫌で、必ず機嫌のよい人と一緒にいたいのです。機嫌がよいということは、人の役に立つ人生の最大の鉄則なのです。

裏を返せば、機嫌のよいことが自分の価値になります。**あの人は人気があるな、あの人はなぜか人から応援される人だな、と思うことがあるでしょう。そういう人はすべからく機嫌がよく、ただそれだけで価値を持った人です。**

ビジネスにおいてはオフィスにいるとき、ミーティングのとき、プレゼンや打ち合わせのとき、どういう人といたいでしょうか。また生活においてはリビングでくつろいでいるとき、趣味のスポーツをするとき、どういう人といたいでしょうか？

みなさん異口同音に、「機嫌のよい人！」だと答えるのではないでしょうか。繰り返しますが、**自分が機嫌のよい状態でいることは実は自分のためなのです。**人間関係がいつでもどこでもスムーズになり、仲間も増えて、異性にモテるようになれば、結局はそれが自分のためにもなっているのは自明のことですね。

機嫌のよいことを恐れている人も少なからずいます。それはするべきことをせず、逃げて機嫌のよい振りをしているのです。それは偽ご機嫌であって、わたしたちの目指すご機嫌な人ではありません。どうせやるなら、やるべきことを機嫌よくやるという生き方が重要なのです。

まずは、自分のために機嫌よく生きましょう。機嫌よい自分がいればそれは周りの人のためになっているのです。周りの人のためになっているのですから、そこには人間関係の悩みは自然と解消に向かい、結局はそれがまた自分のためになって還ってきているのです。

話は少し変わりますが、昨今は空前のランニングブームといいます。火つけ役となった東京マラソンももうすぐ10回目。3万5千人を超える参加者数はもとより、沿道の声援を送る人を加えるといったいどれほどの人が参加しているのでしょうか。

知人から聞いた話ですが、ランニング大会ではトップランナーに対してだけではなく、大勢の市民ランナーにも沿道の声援や給水ステーションなどでのボランティアなど、応援する人が欠かせないそうです。

そしてこの応援の力が多くのランナーの励ましとなり、完走への後押しとなるといいます。「がんばれー」という声援に「ありがとう」と応え、その元気な声が応援する人はもちろん、ともすればへこたれそうなランナー自身を鼓舞して前に進む原動力になるというのです。まったく見ず知らずの人同士の間に、ここでもフローな風が吹いている。素晴らしいことだと思います。一方でボランティアとしてランナーを応援している人たちが元気であるということを見逃してはなりません。

いずれにしろ、人間関係がどうあれ自分が機嫌よければ人生は幸せですし、機嫌のいい人のところに人は集まります。集まる人はみんな機嫌のよさに魅了され、自分も機嫌のよい人になっていく。それこそ好循環の始まりです。

そして、すべての始まりは何度も申し上げる通り、自分の機嫌からです。その機嫌をつくり出すのは自分自身の脳、つまり思考です。思考を磨けば、人間関係の問題はパッと驚くほどに解消するのです。それはまるで魔法のように……。

出来事より時間で区切る

――延々と終わらない意味づけを終わらせる

人生においては日々たくさんのことが起こります。さまざまな出来事が毎日毎日向こうからやってくるでしょう。その出来事は自然が起こすもののもあり、人が起こすものもあり、自分自身が生み出しているもののもあります。

とにかく、わたしたちは日々出来事にまみれて生きているのです。そして、そのたびにあらゆる出来事に意味づけを起こしながら、心にさまざまな感情を起こし続けるのです。

出来事が起こる⇓認知脳が働く⇓意味をつける⇓心に感情が生じる⇓その状態で行動をする。この連続で人は生きていることになります。出来事の多くには他人が関わるため、そこに意味をつけてさらに持っていかれているのです。

出来事は嫌でも起こります。自然が起こす出来事でいえば、どれほど止んでほしくても雨は降り続けます。自分が起こす出来事でいえば、寝坊したり試験に落ちたり……その出来事は事実として変わらず存在し続けるでしょう。

また、例えばあなたの意志で観た映画がつまらなかった。恋人はすでに退屈を通り越して眠っています。映画館を出ることもできず呆然とスクリーンを見続ける苦痛。

さらには、他人がさまざまな面倒な出来事をあなたに持ち込んできます。奥さんが愚痴を言ってくる、旦那さんが酒に酔って帰ってくる、子どもが宿題をしない、部下が指示通りに動かない、お隣さんがちゃんとした日にゴミを捨てない、秘書がスケジュールを間違える、上司や取引先が理不尽なことを言う、などなど、日々本当にいろいろなことが湧き上がるようにやってきます。

そしてその出来事は意味のついた事実として脳の中に存在し続け、わたしたちを悩まし続けるのです。さらに出来事の背景にある人間関係は、不機嫌な状態にわたしたちを導き続けるのです。どこかで、この構造を断ち切り変えられる自分自身をつくれない限り、人間関係の悩みから解放されることはありません。

そこで、どのような思考が人間関係のしがらみから解放させてくれるのでしょうか？　さらに考えてみましょう。

その答えの1つが、「出来事ではなく時間で区切る」と意識することです。認知脳は意味とともに出来事を考え、心をそれによって持っていかれてしまうという構造があります。その構造に溺れてしまうのではなく、切り替える思考を持つのです。

先の映画の例で言えば、映画が終わるまで「退屈だ」「何てついてないんだ」などと出来事に対する意味づけで不機嫌な時間を過ごすのではなく、時間を意識して「時間で区切る」と頭の中で宣言するのです。すると、今自分の身の上に起きている出来事と関係なくゆったりとした時間が流れていることに気づくはずです。この意味づけを離れた、時間の流れを自分で意識することができれば、イライラした感情などは消え去るでしょう。

認知脳は出来事でしか考えることができず、そこに意味の暴走を起こします。出来事は先述しているように変えられないので、心は持っていかれっぱなしになるのです。そこで脳を外界から自分に向けるきっかけとして時間で区切ろうと考えるのです。時間はどう区切ろうと自分次第です。何分ごとにどうやって区切るのか、ではなく、思考のベクトルを自分に向けるきっかけにするのです。必ず認知脳の暴走は鎮静化するはずです。

通常、このような思考に慣れていないので、時間で区切ると考えるのは難しいと感じるようですが、認知脳の暴走を鎮静化するために、別の視点の脳機能を働かせるまったく新しい思考だと考えてください。

新しい外国語を学んでいくのと同じで、母国語ではこうだったというのは通用しません。新しい思考として自分のものにしてほしいと思います。

「時間で区切る」と思考すると、出来事とは別に時間が流れていて、その時間は自分で自由に区切ることができるのだという感覚を感じていけるはずです。どのように時間を区切ればいいのかなど考え込むのではなく、「ただ区切ろう！」と考えるだけで今までのように出来事や他人に引きずられてしまうことがなくなってくるのです。

とにかく、この思考を意識してみてください。これまでと違う何かを感じるようになるはずです。

過去ではなく「今、ここ」に生きる

――マインドフルに生きる

認知脳は過去にも接着する習性があります。

それは、過去にあったことを分析したり反省したりして、新たな行動を起こしていこうとするからに他なりません。動物は過去に心を馳せて、反省・分析したりはしません。

反省会をしているライオンとか、分析結果をプレゼンしているカモシカたちを見たことはないでしょう。もちろん、経験から学んで同じ失敗を繰り返さないほどの知性はあるでしょうけれど。

しかし、この人間の認知脳による高次元の脳こそが、わたしたちを苦しめているのです。変えられない過去に頭を突っ込んで、そこに意味をつけて今の心の状態に持ち込んで生きているのです。

人間関係の悩みはすべて過去によって形成されています。初めて会った人（ネットなどでも関係性の一切なかった人）に対して人間関係の悩みを持っているような人はいません。その人との過去を今に持ち込んで、悩みを生み出しているのです。それこそが人間固有の現象なのです。

ではどうすればいいのでしょうか？　ライフスキル脳による思考を駆使してこの人間固有の機能をヘッジしていかなければなりません。そのポイントとなる思考が「今、ここに生きる」と考えることです。

過去への暴走を鎮静化し、心をフローにするためには、脳（思考）を今に集中させるしかないのです。「過去への思考」に拮抗する「今への思考」を強化するということです。

例えば、最近注目をされつつあるマインドフルネスはまさに「今、ここ」を大事にします。

自分の体の状態や呼吸に目を向けることで、心を落ち着かせ、あらゆる判断から遠ざかる。そして、今このときをマインドフルに感じるのです。ベースとなっている仏教、特に禅における坐禅にも非常に近いものです。

わたしの提唱する辻メソッドにも近いものがありますが、一番の違いは辻メソッドには呼吸法も瞑想法も特にいらないことです。あくまで思考の習慣をつけ、思考の力、ライフスキル脳を使った生き方をすることで「今、ここ」に生きることができる点です。

もちろん、呼吸法や瞑想を否定するものではありません。

さて、今に生きる力を磨く更なる思考習慣をご紹介しましょう。

それは、「今、ここ」にある真実に気づくようにすることです。いつもわたしたちが真実と考えていることは、実は認知脳が接着している外界にある出来事としての事実のみです。外側に起こっている事実を認知脳の色眼鏡をかけ（意味づけをして）真実と考えてしまっているのです。

わたしたちの考える真実とは、外側にある事実そのものではありません。それを自分が認知し、そこに何かしらの意味づけをしています。さらに意味づけによって感情をつくり出しています。それらを総合して、今ここにある真実として認知しているのです。

すなわち、**真実＝外側にある事実＋それを認知・意味づけしている自分＋それによっ**

て感情を抱いている自分。この3つをもって真実なのです。

認知脳は自分自身の存在そのものに気づけません。自分には目を向けず外界に向かう習性があるからです。今ここにあるものは外界の出来事、すなわち事実を認知している自分とそれを感じている自分なのにです。

外界に向かうベクトルだけではなく、自分自身に向かうベクトルを意識して磨いていかないと真実を受け止めることができないということです。自分自身に向かうベクトルは、ライフスキル脳の仕事です。認知・意味づけしている自分、そして抱いている感情に気づくこと。

ライフスキル脳を磨いていくうちに今ここにある真実に気づけるようになってきます。それはさらに今に生きる自分をも磨いていることになります。今ここにある真実に目を向けている自分は、今に生きていることに他ならないからです。

このように「今、ここに生きる」という思考を習慣化したり、今、ここにある真実に気づけるようにしていくことが、過去にまみれた人間関係にとらわれた自分を次第に解放していくことになるのです。

人間関係を直接解決しようとするのではなく、今ここにいる自分を意識する思考習

真実とは、
外にある事実＋自分の意味づけ＋自分の感情

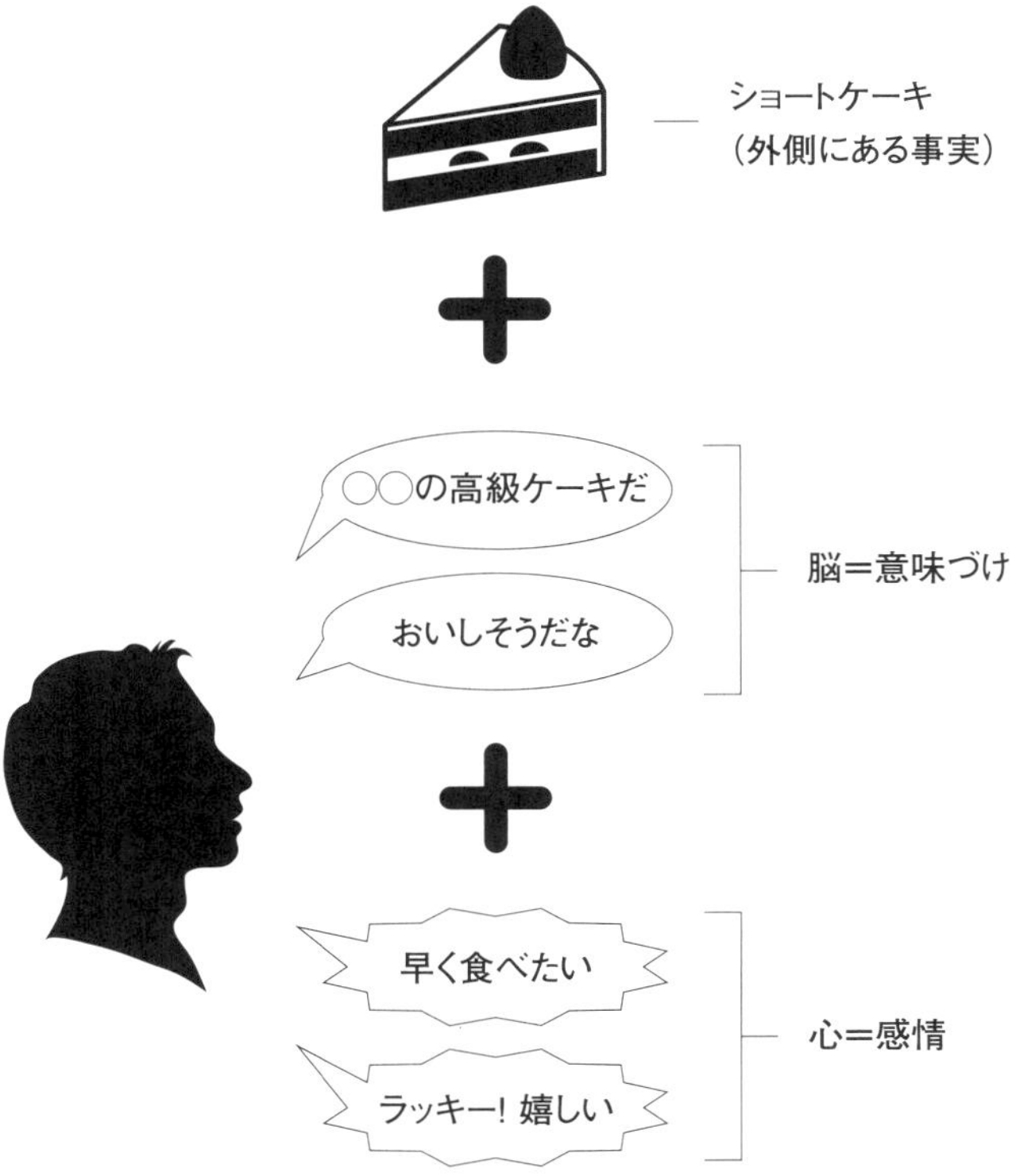

慣でつくり出して生きていくのです。そして人間関係の悩みは自然になくなっていきます。

謝り許す

——いかに手放し、身軽になるか

謝ったり、許したりすることは、今を生きることに繋がり人間関係を円滑にするための重要な思考です。

それはなぜでしょうか。自分も他人も「謝り許す」ことができなければ、過去にとらわれたまま生きることになるからです。そうです。過去を今に持ち込んでしまっているのです。

根に持つとかリベンジ（復讐）しようという思考は、典型的な過去へのとらわれの姿で、認知脳による思考なので、フローな風を心に吹かせることは難しいのです。

根に持っている間は、その対象である誰か・何かにとらわれていて、その人との人間関係はご機嫌なものにはなり得ません。リベンジに燃えている間はその人にやはりとらわれていて、自分らしく生きていないのでそこにはフローな関係は生まれないのです。

過去のさまざまな出来事やそこに生じる意味は、サクサクと捨てて置いて生きていかないと、人間はズシンと重い荷物を引きずっていくことになるのです。逆に言えば、重い人間関係の荷物を降ろして生きていく魔法の1つが謝り許すという思考です。

どちらが正しいとか間違えているという議論はここでは関係ありません。心の重荷を軽くするための思考と考えてください。間違えていることは間違えている、悪いことは悪いことだとしても、根に持ってしまうとどんなに正しさを主張しても自分の心は決して軽くなることはなく人間関係が良好になることもありません。

行動に対しては善悪とか正しい・間違いという評価はあっても、その人の人格までも「白黒」の概念で評価してしまうのはいかがなものでしょうか。

許すことは手放すことです。許せない人は手放せず執着があるのでフローではないのです。行動と人とを分けて、許すことを大事にして思考していくと、対人関係が劇的によくなってくるはずです。

謝ることも同様に手放すことなのです。謝れない人は自己正当化に夢中です。しかし、どれほど自己正当化をしたところで、相手あるいは自分自身から真に解放されないのではないでしょうか。

謝ることができる人は、過去をサクサクとゴミ箱に捨てることのできる人です。すなわち、ズシンと心に重い荷物を持ち続けなくていいのです。

実際に自分や相手に直接謝ってもいいのですが、実際に行動に移すには敷居が高くなりがちです。**本書のお伝えしたいポイントは「謝ろうと考えるだけでいい」のだということなのです。**「自分は今、あの人のこんなことを根に持っているから、とりあえず謝ろう!」と考えるだけで心が軽くなるはずです。

根に持っている自分自身に気づき、まず重い荷物を背負わせ続けた自分に謝ると考えてみましょう。次にあの人にも謝ろうと考えてみましょう。必ず自分自身の心にフローな風が吹いてご機嫌な、穏やかな状態がやってくるはずです。もちろん、実際に行動に移してもよいでしょう。ポイントは、認知脳で考えた「謝らねばならない」ではなく、謝ろうとただ自然に考えるようになることです。

こうした思考が習慣化されていけば、魔法のように人間関係が変わってくるはずです。簡単なことなのですが、認知脳が正誤や正当化に暴走してしまうので、わかっていてもできないのが人間の性なのです。

したがって、この魔法を手に入れるにはあえてそう意識する自分をつくり出さねばなりません。意識する回数を増やしてみるのです。昨日は誰かに謝ろうって何回考えたでしょうか？　今日は誰かを許そうって何回考えたでしょうか？　ほとんどの人はゼロ回かもしれません。それでは過去の負債をどんどんと抱えていくことになり、人間関係の泥沼から抜け出ることはできないでしょう。

泥沼から抜け出るための画期的な方法などありません。しかし、思考の習慣が身についたあなたは、気づけば不思議と泥沼はそこにはなく、快適な人間関係の中で自由に泳いでいる自分に気づくはずです。

文句より感謝が自分のためになる

——文句製造機からの脱却

人間は、放っておくと文句をつぶやき続ける生き物です。

常に認知脳が出来事や他人に意味をつけて見ていくからです。文句こそ、その人に固有の意味と言っても過言ではありません。「あいつの○○なやり方が気に食わない」という文句は「○○はよくない」という意味づけにより生まれているのです。「あの人の言動はおかしいのでつき合いきれない」というのも、認知脳による、他人の言動が自分の常識とはかけ離れているのでおかしい、という意味づけに他なりません。意味づけのあとには「気に食わない」「つき合いきれない」というネガティブな言葉が並びます。**意味づけをする認知脳があるかぎり人は文句製造機です。**

しかし、文句を言っている人は間違いなく機嫌が悪いのです。文句は自身の機嫌の悪さを生み出し、かつ文句そのものが周りの人間関係にマイナスに働き、さらには機嫌の悪さが人間関係を悪化させることになるのです。

しかし、文句を言っても自分にとってフローな風が吹かないことは誰もが知りながら文句を言っているのです。文句を言う認知脳の機能が人間には備わっているわけですし、文句を言わない方がいいという知識を人は簡単に裏切るというやはり機能が備わっている以上、文句を人類は言い続けるのです。

したがって、文句を言わないようにしようと思考するのではなく、自分をご機嫌にするために感謝の思考を磨こうというふうに考えましょう。

文句を言うよりも感謝している方が人は機嫌がよいでしょう。まず自分の機嫌のために感謝するのだという体験をたくさん増やすことが重要です。感謝もフォワードの法則ですから、感謝している自分がエネルギーを生み出しているという実感が重要になります。

しかし、感謝にも2種類あります。「認知的な感謝」と「ライフスキル的な感謝」です。認知的な感謝は相手のための感謝です。理由に基づき、相手のために感謝するのです。これはとても大事なことなのですが、相手のためなので相手に接着しています。

また皮肉にも、人間は感謝の理由を探そうと相手に接着すればするほど文句が出がちになります。それはクレーマーである認知脳によるものだから当然です。たまには部下に感謝しようかと思って部下の顔を見ているうちに文句が出てくる。奥さんや旦那さんに感謝しようと決意し、いざ顔を合わせてみると文句を言いたくなる。たまに帰省したら親に感謝しようと決意したはずなのに、いざ面と向かうと感謝しづらくなる。それが人間なのです。認知脳による感謝には限界があるのです。

一方、まったく知らない人にも感謝しにくいでしょうし、さっき会ったばかりの人にも感謝はしにくいものです。認知脳で感謝しようとすると理由が必要だからです。大事なのはライフスキル脳による感謝です。この感謝はあくまでも自分のためで、かつ理由に支配されていません。あえて言えば、そう思考する方が自分の機嫌がよくなるという体感に基づいた、自分の心のための感謝です。すなわち、〝ただありがたい〟と考えるのです。

しかし、講演会やセミナーなどでわたしがこの話をすると、多くの人がすごく難しいと言います。〝ただありがたい〟と考える習慣がなく慣れていないからなのです。わたしに言わせれば、理由をつけて相手のために感謝するよりもずっと楽だと思います。ただありがたいな、と考えるだけでいいのですから。ありがたいなという感謝の思考は、仮に対象が明確にされていなくてもフォワードの法則として外側にエネルギーを発します。

したがって、気がつけば自身の機嫌がよくなっています。自分の機嫌を自分で取り人間関係をよりよくフローで生きている人は、このありがたいと考えるライフスキルをとても大事にしているのです。

ちょっと変なたとえかもしれませんが、お墓参りや仏壇に手を合わせるとき、特別な理由はなくても「ありがとうございます」という気持ちを念じていることはないでしょうか。そのあとの気分を思い出すと、すっきりしていないでしょうか。

あるいは、近所の氏神様へお参りに行ったとき、日々の暮らしの無事を感謝し、手を合わせているとき、心が非常に落ち着いてくるのではないでしょうか。〝ただありがたい〟という思考の習慣を身につけるためには、例えばご飯を食べるときにも、「いただきます」と一緒に「ありがとう」、「ごちそうさま」と一緒に「ありがとう」と唱えてみてもいいでしょう。

感謝が大事だということは誰もが知っています。しかし、認知脳に支配されているため「理由もなく」という部分に引っかかって、シンプルに思考ができなくなっているのです。認知的に考えるのではなく、ライフスキル脳の力でシンプルに考えるという習慣が自らを磨いていくことになるのです。

イメージとしては、ありがたい、ありがたい……と頭の中で唱える感じです。何に対して、どうしてではなく、ただそう思考する。この、心がいつの間にか落ち着く思考がライフスキルの特徴なのです。日々忙しく常に用事に追われるような現代社会にあって、このような脳の使い方を多くの人は忘れてしまっています。ぜひ、取り戻しましょう。

優劣より尊重で生きる

——リスペクトが人間関係を円滑にする

脳には性別によっても傾向があります。女性の認知脳は比較的「好き嫌い」に敏感で感覚を大事にする傾向があり、一方、男性の認知脳はどっちが上か、どっちが偉いかなど、優劣に敏感で理論を大事にする傾向があります。

問題は優劣思考です。この思考はもちろんすべての人が有している思考ですが、それによって差別や戦争といった人類固有の悪しき歴史が繰り返されているのです。まさに認知脳の暴走です。

本来は人に優劣などないはずです。優劣をつけていくのは認知脳による意味づけでしかないのです。しかし、人は優劣をつけたがるし、社会構造そのものが優劣を測り、競争社会を産み出してしまっているのです。

優劣、つまり競争からもはや逃げられない社会を、人間は形成してしまったのかもしれません。その中で、わたしたちは油断すれば勝手に劣のレッテルを貼られてしまうリスクを常に負っています。逆に自分の優を維持するために他人に劣のレッテルを貼ろうとすることもあるでしょう。

人間とは厄介です。こうした思考や仕組みの中では人間関係に悩みが生じるのも当然でしょう。「あの人はわたしより○○だ」「どうせわたしなんか□□だ」「アイツは△△だからダメ」「所詮、アイツはたいしたことない」「わたしより劣っているから相手にしなくていい」など、常に人と自分を比べて過大評価したり過小評価したりしているのです。

劣のレッテルを貼られた方も、劣を貼り続けて自分を保っている方も結局はノンフローな不機嫌人生なのです。ここから脱するにはどうしたらいいのでしょうか？　認知脳の暴走が起こらないユートピアのような世界に逃げ出せばいいのですが、人間社会にそのような場はほとんどなくなってしまいました。ここから逃げ出すのではなく、この社会でよりよく生きていく方法を考えるしかないのです。

それは自らの内側に耳を澄ませるライフスキル脳の世界です。ライフスキル脳の磨かれている人であっても、人間が認知の動物である限り、認知脳の暴走を起こすこともあるでしょう。しかし、それに気づき自分の機嫌は自分で取ることができます。そして優劣機能を持つ一方で、英語で言えばリスペクトの思考でいつも生きようとします。

リスペクトは通常「尊敬」と訳されますが、尊敬は優劣の優のレッテルに似ています。自分と相手を比較してその結果、相手の優れている何かしらの部分を敬うということです。認知的には前項の感謝と一緒で相手のためには大事なことです。

しかし、ここで言うリスペクトは違います。**「思いやる」とか「尊重する」という意味に近い**です。相手を思いやろう、あるいは尊重しようと考えるとどんな感じになるでしょうか。とげとげしい気分はすっかりなくなって、心にフローの風が吹いてくるはずです。

思いやることも尊重することも、相手にエネルギーを与える方向の思考です。フォワードの法則に則った思考です。しかし、その思考がまずは自分自身のためになっているということが極めて重要です。

そのことについて、わたしが尊敬する（認知的に！）バスケットボール界のスーパースターだったマイケル・ジョーダンがしばしば述べられていたことが思い出されます。

「人生における成功の秘訣は?」「スポーツ選手として成功するためには?」「世界中の子どもたちへのメッセージは?」……このようなさまざまなインタビュアーによる質問のすべてにマイケル・ジョーダンは、「とにかくリスペクトの思考で生きることだ」と答えているのです。

優劣思考に陥ってしまっては絶対に成功はないと。優劣思考をしている間は揺らぎ、とらわれの心に満ち溢れてしまうからでしょう。どんなときも思いやりと尊重を意識して、リスペクトの思考で生きることが人生において最も大切だということを訴え続けていたのです。

リスペクトとは正反対の、例えば「蔑《さげす》みの思考」が起こった瞬間に、スポーツにしろビジネスにしろ、パフォーマンスの質が低下してしまうのは容易に想像がつくのではないでしょうか? そこにフローはありません。すなわち、成功もないし、よい人間関係もないでしょう。

リスペクトは人間関係の悩みを消して人生をフローに豊かに導いていきます。そして、リスペクトは行動ではなく思考です。ただ「リスペクトしよう」と考えるだけなら誰でもが今この瞬間からできるはずです。

そうは言っても、あの嫌いな上司をリスペクトなんてできないよ……そういう声が聞こえてきそうです。すぐにできなければできなくてもいいのです。**肝心なのは、何度もお伝えする通り、まず自分から、ただ「リスペクトしよう」と考えること**なのですから。

魔法の思考を今この瞬間から試してみませんか。そこから、変化が始まります。

人格と行動を分けて考える

――批判や指摘は人格まで否定しない

人はさまざまなことをあなたに言ってきます。

例えば仕事において上司から毎日毎日きつい言葉を浴びせられるかもしれません。あるいは親に早く結婚しろと顔を合わす度に言われるかもしれません。恋人やパートナー、友人からの指摘も入るでしょう。

もっともなこともあれば、まったくの的外れだったり、時には理不尽な内容もあります。人はホントに厄介です。

これらすべては自分のために言ってくれているのだからありがたいと思わなきゃというのはプラス思考、ポジティブシンキングです。無理やり意味づけを変えようとして、結局は相手にとらわれているのです。フローにはなりませんし、自分のどこかに嘘があるので疲れてしまいます。

とかく行動の間違いを突いてくる人は正論を言ってきます。だから余計に心に突き刺さる。あの人の指摘はもっともだし、正しいのだけれども……という具合に心にひっかかった棘《とげ》はなかなか抜けません。

もっともなことをあなたのために、あるいはお構いなしに言ってくる人はたくさんいます。その都度、心に棘を刺してノンフローになってしまっていては人生もちません。落ち込んでいても仕事は進めなければなりません。

しかし、自分でも的を射た指摘だと思うので無視もできないし、場合によっては無視しても、鋭い指摘をする人はさらに正論で攻め込んでくるかもしれません。明らかな悪意や嫌がらせの場合はもちろん話は別です。ただし、その見分けは容易につくでしょう。

そこで、このような人間関係の中で自分らしく生き抜くための魔法の思考があります。それは**行動と自分の人格や心を分けて、すべての人の助言を聞き入れる耳（意識）を持つこと**です。

わたしたちの多くは、自分の行動と人格を分けて考える習慣がないので、行動について指摘されると、それは人格そのものへの指摘だと取り違えます。指摘が批判的であれば傷つきます。

もっともな正論を吐く人は、実は行動について指摘をしてきたのであって、人格や心について述べているのではありません。

しかし、受け止める方がそれを分けられないために、自分はダメだとか自分のことを責めるとか傷つけられると勘違いするのです。真実のところ相手はどうかわかりませんが、あなたに分けて受け止める意識があれば劇的に人間関係はよくなります。

相手の指摘は行動に向けられたものであって、あなた自身に対してではありません。したがって、指摘の内容をその通りだと思うのなら行動を改善すればいいだけの単純な話です。自分自身を根本から変えなければとか、大それた話ではありません。

もちろん、指摘の内容に納得がいかないのなら行動に反映する必要はありません。元々、完璧な行動を取れる人などこの世にはいないのですから、いろいろ文句を言ってくる人に対して、正しいからと無理に納得するとか、またそれによって自分自身を傷つけられたというような考え方をする必要などないのです。

それは、あなたの行動に対するただの助言や指摘であって、意味づけに気づいて心に持ち込むことを手放そうとすると同時に、分けて考えるように意識・思考するだけで急激に楽になることでしょう。完璧な行動をできる人などいないので、行動については誰からか何かしら言われ続けるのが人間ですから。

あなたの人間としての価値は別にありますし、それによって心の状態がノンフローになる必要などないのです。分けて考える思考を意識してみましょう。意識さえすれば誰にでもできるようになるはずです。

第3章

応援が周囲の人間関係を劇的に変える!

～支援の人間関係をつくる～

ご機嫌は伝染する

——不機嫌ウイルスに打ち克つために

これまで、自分の機嫌を自分で取るための魔法の思考をお伝えしてきました。応援思考をはじめとした気づきや自分の考え方1つで、心にフローな風が吹き自分の機嫌を自分で取ることができるということに納得していただけたと思います。

自分で機嫌をつくったり、維持したり、切り替えることが自由にできれば、この世から人間関係の悩みは消滅するのではないでしょうか。**問題なのは、人間関係自体ではなく、そこに接着した自分の心の状態がノンフローであること**なのですから。自分をフローな状態にいつでもどこでも導くことができるのなら、どんな人間関係の中に飛び込んでも大丈夫です。

一方、自分の機嫌は周りの人にも影響を与えることになります。それは前述したように、機嫌の悪い人と一緒にいたい人は世の中に一人もいないことからも明らかです。

つまりご機嫌は伝染します。

昔からの諺に「朱に交われば赤くなる」というものがあります。まさに、「ご機嫌に交わればご機嫌になる」「不機嫌に交われば不機嫌になる」のです。自分がまず箱から出れば他の人も箱から出る確率は高まるでしょう。自分のご機嫌が空間をつくるのです。空間はそこにいるすべての人に影響するでしょう。

しかし、ご機嫌よりも不機嫌の感染力の方が強力です。**残念なことですが、ご機嫌ウイルスよりも不機嫌ウイルスの影響力の方が多大なのです。**どれほど機嫌のいい場でも、不機嫌な人が一人いれば、その場の空気はノンフローに傾きます。

例えば、仕事でミスが発覚し、チームで責任を取ってみんなが残業しなければならなくなったとします。犯人捜しをしたり、不機嫌になっては効率も上がらないし、何より楽しくないので、チームの大多数は「みんなで機嫌よくやろう！」と提案し実行します。しかし、誰かが「やっていられない」とか「わたしのミスじゃないし」など と冷や水を浴びせかけるような発言をしたりブスッとした態度を取れば、チームは一気に険悪な雰囲気になって作業効率も下がってしまいます。

不機嫌ウイルス恐るべしです。そして不機嫌な雰囲気の職場にいる多くの人はこの不機嫌ウイルスにかからないように無関心というマスクをしてひっそり息をしているのです。または自分自身が不機嫌ウイルスをまき散らしている人もいるでしょう。誰かが先に機嫌よく接してくれたら自分の機嫌だってよくなるのだと願っているのかもしれません。

しかしその状態のままでは決して機嫌がよくないので自分自身が損をしていることになります。このネガティブスパイラルを断ち切るには自分自身がご機嫌をつくり出すしかないのです。

そして、不機嫌ウイルスにかからないくらいの強いご機嫌力を持つしかないのです。不機嫌ウイルスはどこにもあり、どこでも増殖します。そのような人間社会にあって、自分のためにもライフスキルを磨いてご機嫌の自分で生きていくしかないのです。

1つ注意をしたいのは、何でもご機嫌であればよいというわけではないということ。実務など、その人がやるべきことをちゃんとしないでご機嫌風を装っている〝調子のいい人〟もいます。また、場の雰囲気や空気を読まずに、ただご機嫌にしていても人間関係は悪化するでしょう。

やるべきことをせず、外界を配慮せずにただご機嫌にしていてもそれは困ります。

これらはご機嫌な人ではなくただの無責任なお調子者、あるいは常識の欠落した人なのです。すなわち、それは偽ご機嫌です。

外界に配慮し、今何をすべきかを認識し、その上で自分の心にフローな風を自ら吹かせてその状況に接着していることをご機嫌と呼びます。

わたしは、周りをフローに導く生き方を「支援」と呼称しています。この支援は応援に限りなく近い概念です。支援には3つの重要な点があります。

1つ目は、支援できる人はまず自分自身が機嫌がよいということです。繰り返し本書で述べてきた通りです。

2つ目は、相手や周りにライフスキル脳が発動するような声掛けをしていくこと。気づきや思考を促す声掛けの存在です。つまり、まだ自分の機嫌を自家発動できない人に、本書で述べてきたさまざまな気づきや思考を意識させるように働きかけるということです。例えば、過去の出来事にとらわれて悩んでばかりいる友人にもっと「今、ここ」と意識し思考するようにアドバイスをしたり、ゆらぎとらわれている不機嫌な知人に機嫌のよいことの価値を考えるようにうながしたりするのです。

そして3つ目が、他者がしてほしいことをしてあげる力です。わたしはこのしてほしいことをしてあげる姿勢を、「コーチ力」と呼んでいます。この後の項目に続けて詳細を書きますが、「わかってあげる」「見通してあげる」などの姿勢です。

支援の人生は必ず人間関係を豊かにすることでしょう。しかし、そのすべては自分から始まっているということが〝鍵〟なわけです。自分から始まる人生を大変と考えて周りに求めるのか、自分から始まるということは実はラッキーなことなのだと考えるのかはあなた次第です。そうです。人生も人間関係も自分次第なのです。

期待は不機嫌の芽
――期待と応援は紙一重だが、まったく違う

この章では支援にもとづくミラーの法則により、周りの機嫌をよくすることでさらに自分のご機嫌を高めていくための魔法の思考をご紹介していきます。第2章が**自分を主役とした応援**なら、この第3章は**他人を主役にした応援**についてです。

ところで、わたしたちはしばしば周りの人に「期待」します。この期待という思考が、実は周りや自分をノンフローに導いているのです。期待とはまず、相手を主役とした思考ではありません。実は、上手くいったら自分に都合がいいという、自分本位の考え方なのです。

また、期待は「勝手」と同意語です。期待とは相手に対して、勝手に枠組みをはめてそうあること、なることを望んでいる状態を言います。期待を愛だと勘違いしている人がいますが、期待は決して愛ではありません。

相手を勝手に枠組みにあてはめようとするのですから、当然、期待された相手は窮屈に感じるのでフローにならないでしょう。注意していただきたいのは、期待はしばしば応援の皮をかぶっていて、両者が混同されることがあるということです。

期待と応援は、似ているようでまったく違います。親と子の関係を例に取ればわかりやすいかもしれませんので親子の事例で説明しましょう。

「お父さんはお前にいつも期待しているぞ！」と言われて育つ子どもと、「お父さんはお前をいつも応援しているぞ！」と言われて育つ子どもとでは、成長するにつれて心のエネルギー度合に大きな差が生じてきます。

前者は親の枠組みの中でしか生きられないので、自由ではないし、生き生きと物事に取り組むことができません。勉強にしてもスポーツにしても早晩、伸び悩んでしまうでしょう。

さらに親が勝手に作ったその枠組み通りにいくとは限らないので、そのギャップに親も腹が立ったり落胆したり、本人も期待に応えられず落ち込んで、双方がノンフローになってしまいがちです。

そうです。人間が不機嫌になる大きな原因の1つがこの期待思考なのです。他者に

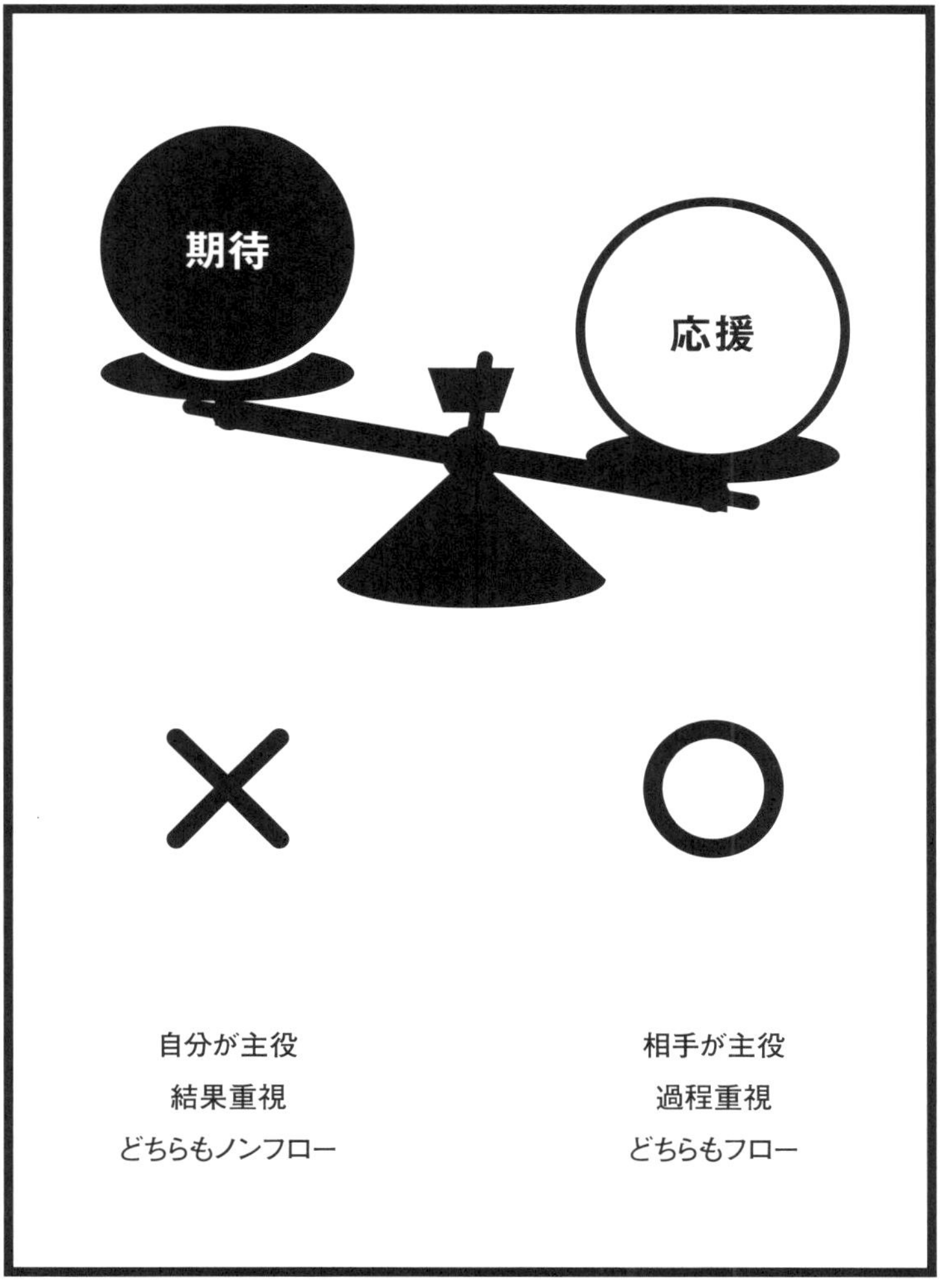
期待
応援
自分が主役
結果重視
どちらもノンフロー
相手が主役
過程重視
どちらもフロー

対して勝手に期待するものの、いつも期待通りにいくはずもなく、そこにさまざまな感情が生じるのです。

典型的な感情は、怒りと落胆です。このノンフロー感情のほとんどは、期待から生じていることを強く認識するべきだと思います。

応援思考の親は、応援する親も応援される子どももフローな状態です。応援思考は必ず相手をフローに導くのです。応援しているだけでいいのか、という声が聞こえてきそうですが、これはもちろん心づくりの話であって目標ややり方なども一方で指示しなければなりません。

期待はとてもやっかいな性質を持っています。つまり、自分勝手な枠組み思考にもかかわらず、多くの人がそれを愛だと勘違いしてしまうのです。「こんなことを言うのは、あなたのことを思って」というような……。

しかし、期待されている方はちっともフローになれません。そもそも、期待は結果にフォーカスするものがほとんどです。相手を結果という檻《おり》の中に閉じ込めようとする思考でもあります。

期待もまた認知脳が起こす思考ですから、放っておけば他者に対して勝手に期待をしてしまうのが人間です。それをすぐに、一切やめなさいということではなく、そのことに気づき、応援の思考を意識し、徐々にシフトするようにマネジメントしていくのです。

人間関係を劇的によくする魔法の思考のキーワードは「期待より応援」です。これを常に意識して人に接するようになると、相手も自分もご機嫌な時間が確実に増えるはずです。

1つ注意点があります。応援は期待とは違って相手が主役なので、相手に応援の思考がしっかりと伝わるようにできればよりよいでしょう。「いつでも応援してるよ!」とか「目標に向かってがんばれ!」とか「ファイト!　わたしがついているよ」とか、言葉でちゃんとその思いを伝えるのです。大事なのは言葉の内容だけではなく、応援の思いを確実に相手に手渡すことができるかどうかということです。

第2章で述べた応援は、あくまでも自己完結の応援思考でした。応援する、そう考えるだけでフォワードの法則により自分にフローな風が吹くという原理原則に則った魔法の思考でした。

しかし、ここで書いているのは、相手を主役・主体と考える応援思考なので〝相手に伝わる〟ことが重要なのです。もちろん、期待より応援という思考がなければ伝えることもできないので、すべては応援しようと考える魔法の思考から始まるのですが、応援の思いを伝えることが人間関係をよりよくしていくことになるのです。

何度も書きましたが思考は波動として相手に伝わります。なので、期待思考なのか応援思考なのかは相手にはとっくに感じ取っているかもしれませんが、しっかりと言葉で伝えることができればより確実でしょう。応援の思いを伝える生き方を、人間関係改善のために自分のものにしませんか。

わかってあげる
——人間関係に先手を打つことの価値

人はみんな〝自分のことをわかってほしい〟という「本能」で生きています。ではいったい何をわかってほしいのでしょうか？　例外なく**自分の感情と考えをわかってほしいと人は願って生きています。**

行動は現実の諸問題に規制されていますが、感情と考えは自分の自由になるので、相手に自由を保障してもらい、自由を謳歌したいという願望の表れなのです。

逆に、わかってもらえないと自由が束縛され、自分自身の存在価値が否定されたような気分を味わい、ノンフローに陥ることになります。

すべての人には「自分のことをわかってほしい！」という叫びにも似た本能があるので、人のことをわかってあげるよりも、人にわからせることに夢中になります。それは自分の存在を主張するための本能的行為でもあります。

ですが、当然そこには矛盾があります。みんながわかってほしいのに、誰もわかろうとする人がいなければ、ノンフローで不機嫌な人が社会には溢れることになるのです。

行動は規定されていますが、感情や考えは自由だというこの区別された2つの視点が重要です。自由なので何でもしていいというのではありません。

まず、相手をわかろうとする姿勢を持つこと。わかってあげることで相手の自由は担保され、相手はわかってもらえたという安心感と満足感で確実に心にフローの風が吹くのです。

それではわかってあげるためにはどのような点が重要なのでしょうか。

まずは「わかってもらう」という前に、「わかってあげる」と考える思考習慣を自らが持っていることが大切です。わかってあげると考えている人は、その思考そのものがやはり波動となって相手に伝わります。そう思考するだけで、相手は「この人はわかってくれようとしている」と感じ取るからなのです。

ここで大切な「わかってあげる」は同意ではなく、受け入れるという感じです。英語で言えばagreeではなくunderstandです。同意ではなく理解して受け入れることは、いつでもどこでも誰に対してもできやすいはずです。

これはよい教育者、あるいはプロスポーツのコーチで名伯楽と言われる人がすべからく身につけている思考です。教育者にしてもコーチにしても、教える方と教えられる方の信頼関係がなければ（つまりフローな風が吹く関係でなければ）、よい結果は得られないでしょう。

わたしは教育者でもコーチでもない、という人もいるでしょうが、人間関係の中で誰もがこうした立場に立つ機会があるはずです。自分が高次に立つ思考なので傲慢にならないように気をつけましょう。

まずは、人間関係を生きる上でわかってあげると考える自分づくりが重要です。さらに相手が主役なので、相手が「わかってもらった」と感じなければなりません。「俺はわかっているんだ」では独りよがりの発想になります。あくまでも相手が「わかってもらった」と感じないかぎり相手にフローな風は吹かないのです。

そのためにはどのようにすればいいのでしょうか？

答えは2つ。**「聴く」こと、そして「伝える」こと**です。まず、相手の話をちゃんと聴かないと相手が何をわかってほしいのかを把握できません。そして、人の話に耳を澄ませてちゃんと聴くには、聴く方がフローな状態でなければなりません。集中力を欠いた状態では、相手の話を深く理解し、共感することはできないのです。

さらに、聴いただけでは不十分です。聴いてわかった、理解したと相手にちゃんと伝えることが何よりも重要です。相手はそこで初めてわかってもらったということが自覚できるからです。聴くこと同様、伝えるためにもこちらがフローじゃなければ難しいのです。

自分がフローでいる⇓聴く⇓伝える⇓相手がフローになる⇓自分にもフローが還ってくる⇓自分のフローが倍増する。この仕組みを理解し、相手のためを思う姿勢は、それだけで深い信頼関係を築く魔法です。

人は感情と考えをわかってほしいのだということを先に述べましたが、**子どもの場合はほぼ、感情をわかってほしい**となります。子どもであるゆえ、考えの部分は未熟だからです。

ところが、ほとんどの親や大人は子どもがネガティブな感情を持った瞬間にその感情を否定します。ですがよく考えてみてください。どんな感情も本来は自由のはずです。子どもが宿題を嫌だと感じ、それを表現したら即座に否定してしまいます。でも本来、**「嫌だ」という感情が湧いてくるのは自由です。**

もちろん、宿題はやらねばならないし、忘れてはいけないのです。ですが、宿題を嫌だと子どもが感じるのを否定する権利は親にもないはずです。この感情の自由と行動の制限という人間の法則をよく理解していくことが重要です。

考えは行動に直結することがあるので、多少の制限はもちろんありますが、それでも行動に比べれば自由なはずです。大人になると感情だけではなく考えもわかってほしくなります。

大人であっても男女で違いがあります。一般に、**女性は感情をわかってほしい傾向が強く、男性は考えをわかってほしい傾向が強くあります。**感情をわかってほしい、だから女性の多くは話好きなのです。自分の感情を理解してもらうために話しますが、感情は上手く表現しにくいし伝えにくいのでついつい話が長くなります。

女性同士だとそれに慣れていますが、男性はそのわかりにくい感情を理解するのが苦手で、単刀直入に結論を言ってほしいのでギャップが生じて男女間のすれ違いが起こることがしばしばあります。

家で奥さんが、今日はこんなことがあって嫌な気持ちがしたという場合、最後の「嫌な気持ちがした」という感情の部分をわかってほしいのですが、その前振りにさまざまな出来事などが長々と出てきます。男性はその時点でその出来事に対する解釈を加えて反応してしまい、肝心の最後のわかってほしい感情のところまで行き着けないのです。

「俺なんてもっと会社で嫌なことはあるぞ！」とか「そんなことしているからそうなるんだ！」とか「じゃあ俺に何をしろって言うんだ！」などという反応になってしまい、ただ嫌な気持ちがしたんだというその気持ちさえわかることができれば奥さんをフローに導くことができたはずなのに……。奥さんの感情をわかってあげることができなくなるのです。

これでは夫婦や男女関係の悪化が起こるでしょう。「どうせあの人はわかってくれない」というノンフローな人間関係の構築が起こるのです。

一方、男性は考えをわかってほしいので、考えについて奥さんから改善要求が出たりするとノンフローになります。例えば、子どもの教育について「あなた少しは考えているの？　もっとちゃんと考えてよ」と言われると、考えていてもいなくても「ごちゃごちゃうるさいなあ」となります。逆に「あなたなりに考えてくれているのね。じゃあ、進学先のこともう少し調べて考えておいてね」などと言われると、自分の考えを尊重してくれようとしていると感じるので、フローに傾きもっと真剣に考えようかなという気になるのです。

わかってほしいという人間の本能に従った人間関係づくりは、軋轢を生みにくく、信頼関係を根づかせます。

まず自分がわかってあげると考えることから始まり、さらに聴いて伝えていく。こうした選択をすることが良好な人間関係の鍵となるでしょう。この魔法の鍵をぜひ手に入れて、片時も手放さず自分のものとしてほしいと思います。

見通してあげる

——時間軸を人間関係に持ち込む

人はその瞬間だけを切り取って見られて判断されるのが、とても嫌なものです。すなわち、時間の幅を持って判断をしてもらいたいのです。例えば、何かをやろうとしているときに「まだやってないのか、すぐやれ！」と言われると、「やろうと思っていたのに……」とやりたくなくなるのです。

時間の幅とは、時間軸に基づく前後の配慮です。多くの人はこれが苦手です。その瞬間の結果や状況だけを見て判断し、意味をつけて評価するのが現代社会では当たり前になっています。

しかしながら認知脳によるこの仕組み全開で人に接すると、周りをノンフローにして人間関係を悪化させることになります。

わたしが講演などでしばしば挙げる例として、大学の体育会ＯＢの事例があります。

現役チームが新しい代に変わり、少しずつ変化してきているところで練習試合をします。そこにOBが来て試合を観た後にいろいろと〝ありがたい〟ご意見を述べますが、チームを見通していない場合が多々あります。

たまにしか来ないOBは、やっとここまで変化してきて、この後のシーズンに向けてこういう方針を持っていこうというチームへの時間軸的な配慮なく、今目の前にある試合の結果だけを議論しようとします。当然ながら、現役部員はこのOBの〝ありがたい〟話を、ほとんどちゃんと聴くことはありません。

人に対して時間の幅を持って接したり声を掛けていける人が、周りをフローに導きます。すなわち、支援のできるコーチ力の高い人になるのです。

時間の幅を自らの中に養うにはどうすればいいのか、その魔法が「結果より変化」という思考です。

結果はその瞬間の出来事。変化は時間の幅を持って見ることでしか生まれない概念です。この思考を意識して人に接していくだけでも、人間関係は劇的に改善されるでしょう。

結果しか見られない人の特徴は、すぐに比較してそこに価値をつくり出そうとします。その瞬間しか見ることができないのでそこに価値をつけるため、他のものと比較するしかないのです。例えば、先ほどのＯＢであれば「俺らの頃は……」と過去の自分たちの現役時代の状態を比較材料として持ち出すことになります。

そんなことを言われても、現役部員の誰一人としてやる気など湧かないでしょう。そこにフローな風は吹きません。その結果、ＯＢはどうせ自分たちをわかっていない、見通してくれていない、というノンフローな人間関係が構築されてしまうのです。

何かと比べられてフローになる人はいないはずです。「お姉ちゃんはあなたの年にはもう九九ができていたのに……」とか「前の秘書はすごく気がつく人だったけど……」とか「他の家ではまた新車買ったみたいだけど……」などと言われてフローになる人はいません。

時間の幅を持って他人に接することができず、相手を他と比較してノンフローにしてしまっていることが往々にして起こっているのです。**人の変化を時間軸に見ることができる人は、他と比べなくてもその人の中に変化という価値を見出すことができるでしょう。**

最初の事例で言えば、小さな変化ですが「今こうだけど、どんなことがあって今こうなの?」とか「今まだのようだけど、この後どうするつもりなの?」という声掛けであればそこに時間の幅を見てくれているという感覚を相手は感じてくれます。

わたしはワークショップや企業のリーダートレーニングの中で、他者（部下や選手、子どもなど）の変化を見る脳の練習として、成長と可能性について考えるワークを、しばしば行います。

自分の部下や選手や子どもなどの、成長や可能性を考える練習です。今できるとかできないとか、ダメとか大丈夫とか、考えるのは認知脳が得意でいつもやっていますが、時間軸を持って相手の成長や可能性を考えるという脳の習慣はあまりないように思います。これは認知脳ではなく、ライフスキル脳の領分です。

ライフスキル脳は意識して習慣づけていかないとなかなか発動しないのです。人間関係解決の行動メソッドなどなく、自分自身がこのライフスキル脳を磨いてくしか人間関係の中で上手く生きていく方法はないと言っても過言ではありません。

人間関係を劇的に好転させたいのであれば、自分自身の心のための脳の仕組みであるライフスキル脳を搭載するしかありません。それは思考です。決して難しいものではありませんが、ほとんどの人がこのような思考の習慣として持っていないので難しく感じるのです。

しかし、意識できない人などなく、自分がそう決めた瞬間からできるやさしい魔法なのです。人と接するときには、見通してあげる、あるいは結果より変化に着目するなど、まず意識するようにしましょう。

さらには相手のためによりフロー化をするのであれば、成長や可能性あるいは小さな時間の幅を意識した声掛けをすることで劇的に人間関係は変わってくるのです。

存在価値と繋がりを生む

――あなたはそこにいるだけでいい

人はみな存在価値や社会との繋がりを感じて生きていきたいと思っています。

存在価値が否定されたり、繋がりが遮断されると人は自分らしく生きていくことができなくなります。

ひと言で言えばノンフローの状態になるからです。心に揺らぎ、とらわれが生じて生きるエネルギーが削がれてしまうのです。なぜそうなるかと言えば、人間の欲求を示すマズローの欲求の「承認欲求」（他者から認められたい、尊重されたいという感覚）と「社会的欲求」（自分が社会に必要とされ果たす役割がある、所属しているという感覚）が阻害されてしまうからに他なりません。

存在価値を否定されて喜べる人はいるでしょうか？　繋がりを遮断されてハッピーを感じる人がいるでしょうか？　そのような人がいるはずはありません。

存在価値の感じ方は人それぞれですし、繋がりの感じ方も人によって違います。しかし、どんな人も例外なく存在価値や繋がりを自分で感じることを心から望んで生きているのです。

人間関係を良好に保てる人は、この人間の普遍的な法則に従って生きています。つまりは相手に存在価値や繋がりを感じてもらうような姿勢を持って生きているのです。

それでは繋がりや存在価値を相手にどうやって感じてもらえばよいのでしょうか。いくつかの魔法をご紹介しましょう。

まず1つ目は「相手のことを思う」ことです。繰り返すように、思考はエネルギーなので相手に伝わりますが、思った内容までが伝わるものではありません。ただし、思考のレベルが高ければその思考はエネルギーとして波動となって相手にも感じてもらえることになります。

私のワークショップでは、「たくさんの人のことを思う」という練習をみなさんにやってもらいます。**あなたの脳の中でその人のことを思い浮かべるだけで、その人の存在価値をつくり、その思考が繋がりを感じさせることになるのです。**あなたは毎日何人の人のことを思うでしょうか。忙しくても家族のことを思っていますか?

脳は認知脳がメインですからこなすべきことが多くて行動のための思考で忙しいのですが、人のことを思う余裕はいくらでもある、あるいはつくれるはずです。人のことを思うとは、ただ頭の中で特定の人を思い出して考えるだけでいいのです。

これもライフスキル脳の領分であり、繰り返し思い浮かべる習慣を持つことで人間関係の悩みはかなりの頻度で変化・改善していることに気づくでしょう。

２つ目は、「挨拶」です。挨拶はフォワードの法則に基づけば、それだけで自分のためになることですが、相手に存在価値や繫がりを感じさせる素晴らしい人間的な行為です。

挨拶は礼儀としては年下の人が目上の人にするというのが常識ですが、年齢などに関係なく率先して挨拶するのは、周りをフローにするコーチ力のある人でしょう。挨拶をすることで相手は自分の存在価値を感じ、繫がりを感じることでしょう。

そして３つ目。存在価値と繫がりを感じてもらうために人間ができる最高の姿勢が「感謝」です。〝ただありがたい〟と考える自分のための感謝もありますが、相手のための支援としての感謝もあります。相手の心のためになるコーチ力としての感謝が周りをフローに導く大切な姿勢です。

感謝の気持ちを伝えることは相手に繋がりと存在価値を感じてもらえる素晴らしい人間の営みです。動物は存在価値や繋がりによって生きるエネルギーは生まれないので、上記の3つは人間のように頻繁にはしないのだと思います。この感謝は自分のための〝ありがたい〟とただ考えるものとは違います。ここにある感謝は相手を主役とする相手のためのコーチ力という支援の生き方です。

人間関係を人間らしく保って生きていくには、自分自身がまずこのようなシンプルな生き方を進んでいくことから始まります。認知脳の発達によって、このような生き方を多くの人は手放して生きています。不機嫌でノンフローであればあるほど支援としてのコーチ力を持って生きることは難しいでしょう。

まずは自分をフローにしながらコーチ力に繋がる人間だからこそできる生き方を実践していくのです。それが結局は自分のためになるのですから。

感情を伝える
――自分を少し離れたところから眺めてみる

人はさまざまな場所でたくさんの人といろいろな内容の会話を交わしますが、どのような会話が人間関係を育むことになるのでしょうか。

多くの人は出来事や行動したことばかりを語り合っています。これらのことは事実なので当然変えられないし、規定されていることが多く、この会話は愚痴や文句を引き出すことになってしまいがちです。認知脳が主体となって認知の世界でみな生きているからです。

そしてそのような中での会話は、わたしたちにとらわれ（無数の意味づけ）を生み不機嫌をますますつくり出していくことがあります。ではどうすればよいのでしょうか。

わたしはもっとお互いに感情の会話をしてほしいと思います。なぜなら、感情は先にも述べましたが、自由だからです。自由が束縛されれば人はノンフローになり、そのような人が集まればノンフローな組織や家族になってしまいます。家族や組織の中でどのくらい感情の会話があるかが重要です。

アップル創業者であるスティーブ・ジョブズの有名な逸話があります。

部下が新商品のプレゼンをする際に、市場調査に基づくマーケティングとしての根拠を語るよりも、プレゼンをする人がその商品をどのくらい「好きなのか」ということを話し合うことのほうが重要であると言ったという話です。

お互いに感情を大事にして会話を交わし、つき合いを深めていくことはお互いの自由を尊重しながら生きるということにも繋がるのです。誰もが自由を謳歌したいと望んでいるでしょう。感情の会話がその自由をお互いに手に入れる簡単な方法だと言えるのです。

何をしたのかだけでなく、どう感じたのかを聴いたり話したりすることこそが人間が人間らしくお互いを尊重＝リスペクトする大事な条件だったのです。それが近年では薄れ、場合によってはなくなってしまっているのです。

誰かに対してある行動について指摘をするときも、理屈を伝えるより感情を伝える方が相手も傷つきにくいし、反発などが少ないのです。

例えば、奥さんがテレビを見ている旦那さんのためにお茶を淹《い》れて机の上にドンと置いたとします。忙しい中でわざわざ旦那さんのために時間を割いてお茶を淹れてあげたのです。育児家事などやらなくてはならないことがたくさんあり、何の悪気もなくドンと置いただけなのに、「何でそんな置き方するんだ！」と旦那さんに言われたら、間違いなく奥さんはノンフローになるでしょう。「あなたのためにせっかく淹れたのに……」とか「わたしも忙しいのよ！」とか「自分で淹れなさいよ！」など、ノンフローな関係が夫婦の間に生まれるでしょう。

それでは旦那さんはどう言えばよかったのでしょうか。まずは自分の心をフローにする必要があります。そして、この章で述べているようなコーチ力を最大限駆使して奥さんに接してあげるのもよいかもしれません。

このようなときはぜひ感情を伝えてほしいのです。「ドンと置くな！」と言われてしまうと奥さんは自分自身を否定されたような気がして、決して気持ちよくはありません。追い込まれたようにも感じるでしょう。そこで、「ドンと置かれるとがっかりするんだよね」と伝えてみるのです。

どう感じるかはその人の自由なので、そう伝えられると反発もしにくいし、嫌な気分もあまりしないのではないでしょうか？　自分の気持ちを人に伝える習慣はまた人間関係をよりよくしていくことに繋がるのです。

人間関係は一瞬で崩れることもありますが、日々の小さなことの積み重ねで出来上がることも少なくありません。逆に人間関係の質は日々の小さなことによって保たれているのだということを知っていただきたいと思います。

○×より△◇

——Wrong思考に気づき、手放す

認知脳は正誤の思考を強く起こします。

正誤の思考、つまり○×思考に偏ると人間関係にノンフローを生み出すことになります。

人は○×ではないからです。これを〝間違い思考〟とわたしは呼んでいます。人間の怒りは、この思考から始まることが多々あります。

あなたは間違っている。あなたの行動は間違いだ。その考え方は間違いに決まっている。そもそも、あなたのすべてが間違いなのだ……と、エスカレートしていくのです。認知脳は恐ろしいです。

暴走すればするほど人間関係においてわたしたちを苦しめるのです。十五年ほど前に書いたわたしのベストセラー『スラムダンク勝利学』（集英社インターナショナル）の

中で〝間違い思考〟すなわち〝Ｗｒｏｎｇ思考〟の罪について述べたところ、とても反響がありました。

Ｗｒｏｎｇ思考に気づき、少しでもそれを手放すことの価値を教えてもらえたと、さまざまな方からお手紙をいただきました。わたしの励みにもなった出来事です。

さて、こんな事例を考えてみましょう。

あなたはとても急いでいます。狭い道を目的地に向かって大事な用事のために速足で歩いています。そんなとき、目の前をゆっくりと女子高生たちが列をなして歩いていました。その集団に遭遇したあなたはどのように感じるでしょうか？

「こんなに急いでいるのに何でたらたらと歩いているわけ？」「狭い道を大勢で歩くなんてありえない！」など、瞬間的に怒りの感情が湧き上がってくるのではないでしょうか。

さらに、腹を立てたまま女子校生を追い抜いたと思いきや、今度はもっとゆっくり歩く初老の女性たちが歩いています。するとあなたはさらにこう思うかもしれないのです。

「まったくもう、今日はツイてない。最悪だ！」「たらたら歩かずに速く歩けよ！」

と怒りの感情に満ち溢れている。確実に機嫌が悪くなってノンフローの海に溺れそうになっているあなたがいます。

あなたの頭の中では機嫌が悪くなった原因は、すべてたらたら歩いている彼女たちのせいだと意味づけをします。それはすべて○×思考から生じているのです。速く歩く自分が正しく、ゆっくり歩く女子高生や初老の女性たちは間違いだと思い込んでいる。間違い思考、つまりＷｒｏｎｇ思考全開です。

そんなあなたに彼女たちだって嫌な印象を持つでしょう。

しかし、よくよく考えてみると、あなたは急いでいるが、この彼女たちは急いでなかった、ただ状況が違っただけなのです。正誤ではなく相違です。すなわち、△◇なのです。○×ではなくＤｉｆｆｅｒｅｎｔなのです。

女子高生たちはやっと試験が終わって楽しく学校の帰り道を歩いているだけだったのかもしれません。初老の女性たちはひざが悪くそれでも天気がいいのでみんなで買い物がてら散歩を楽しんでいただけだったのかもしれません。そこに○×や正誤などないのです。

この思考に気づき、相違思考、Ｄｉｆｆｅｒｅｎｔ思考、つまり△◇思考が身についていたら、どれほどに怒りが軽減したでしょう。これが近しい人ならば、喧嘩をせずに人間関係を良好に保てることでしょう。

喧嘩も、大きく言えば戦争も、すべては○×思考によって生み出された人間関係の最悪な結果です。まずはこうした自らの思考に気づくことが大切です。○×思考からはフローは決して生まれない。間違った思考に気づき、そして新たな思考を加えることです。△◇の思考が備わるだけでも人間関係に大きな変化が生じてくるでしょう。

みんな同じでみんな違う

——多様性を認めることから広がる世界

わたしが人間関係の基本においている人間に対する価値基準、それがこの「みんな同じでみんな違う」です。

すべての人はみな同じ仕組みでできています。脳があって、心があって、身体がある。そこには例外がありません。脳には認知脳が主役となって外界と接着し、意味づけをし、行動の内容を決定する機能があり、生命維持のためにその他さまざまな機能が脳として働き、あなたを動かしています。

そして、後天的に練習したことによって育まれたたくさんのスキルも、脳の中に貯蔵されてあなたを動かしています。膨大な知識も脳の中に貯蔵されているでしょう。

人間は意味づけの生き物であるがゆえに、さまざまな感情という心の状態として表現されるものが日夜生じて生きているのです。さらに、身体というものを使って意味を表現したり、知識を表現したり、感情を表現したり、生きるために動いたりしているのです。人間としてすべての人はこの仕組みにおいて例外はないのです。あなたの隣にいる人も家族も上司も、あなたが苦手な人も嫌いな人も、この同じ仕組みで動いているのです。すなわち、みんな同じなのです。みんな同じということがわかれば安心ではありませんか？

しかし、同時にみんな違うでしょう。まずは身体が違います。大きい人、小さい人、痩せている人、太っている人。男性、女性、血液型、国籍、肌の色、年齢、体力などなど……。

しかし、それを動かしている脳と心の仕組みはみな同じです。表現する道具が人それぞれ違うということです。特に脳と心の意味づけから始まる反応や捉え方、感情などは千差万別、十人十色なのです。同じ仕組みの中で違うというわけです。自分と他者は驚くほど違うというのもまた真実なのです。

人間は違いばかりを認識して敵対をしてしまいがちですが、そもそもは同じなのです。同じを強調しすぎると違いが気になります。違いだけを意識していると同じが忘れ去られてしまうのです。

すなわち、みんな同じでみんな違うということの両立を意識していくことが人間関係の問題で悩まずに自分らしく生きていくコツと言えるでしょう。違いが気になりすぎたら、そもそも同じなんだと立ち返ってください。同じであることが窮屈に感じれば、そもそも違うんだと立ち返るのです。

同じと違うという考えに正誤や二者択一の理論などはなく、同じと違い、どちらもあるというのが人間なんだということを許容して生きることが大切なのです。

この思考を自分のどこか片隅に置いておくだけでも、これまでの自分と違ってくるので人間関係という大海原での泳ぎ方が変わってくるでしょう。

人間関係の質

――人間は放っておいても応援する生き物である

人間関係は文字通り「関係」です。この関係の質が、組織や会社やチーム、家族の見えない財産であり資本でもあり土台となる礎《いしずえ》でもあります。関係を表面的に表現することはできます。

上司と部下の関係。夫婦関係、コーチと選手の関係、雇用関係、親子関係、友達関係、親戚関係、知人関係、プロジェクトの仲間関係、チームメイトの関係、などなどさまざまな関係の上に成り立ち、わたしたちは生きているのです。

このすべての関係には質があります。質ですから目には見えないのですが、必ず存在しています。どのように結びついた人間関係なのかということです。質として重要なのは「愛」と「信頼」です。愛も信頼も目には見えないのですが、関係の質として必須のキーワードになるでしょう。

愛はそもそもすべての人間に先天的に備わったスキルとして存在すると先にも述べています。さまざまな愛の形があるでしょうが、根本は人間愛ということになります。すべての人間関係は、この愛という関係の質によって支えられているはずです。

その表現の1つが「応援」だとわたしは解釈しています。応援は万人に共通の愛の表れだと思います。応援の生き方をできる人は、もともと備わっている愛のスキルを純粋に表現して人間関係の質を高めているのだと言えるでしょう。

応援しているとただ単純に気持ちがいいし、応援されていてもただ気分がいいというのが人間です。しかし、この先天的な愛のスキルをも阻害するのが、その人の心の状態ということになります。

心の状態がノンフローでは、このスキルすら鈍ってしまうのです。そして、意味づけの仕組みや知識の裏切りという仕組みによって、ノンフローが自らの中に生み出されてしまい、この関係の質を普遍的に担保しているはずの愛のスキルが劣化してしまうのです。

消えかけた熾火《おきび》をもう一度たきつけるのが応援の生き方、あるいは応援しようと思考する「応援思考」です。心のフロー化を起こし、愛のスキルを謳歌し、人間関係の質を高める生き方です。チアすることは自らフロー化を生じさせ、相手にも応援の接し方を促し、お互いにより質の高い関係性を構築していくことになるのです。

そして、もう1つ重要な質が信頼です。信頼は後天的に築かれる関係の質です。愛のスキルは先天的に動物として誰にでも備わっていると思いますが、信頼は先天的に備わってはいないのです。

人間社会における信頼はその人が自分に与えられた責任を果たすことから生まれるとわたしは考えています。すなわち自己責任です。自己責任とは自分のパフォーマンス＝行動への責任です。行動とは何を、どんな心で行うのかという2つの要素でできています。すなわち、自己責任とはこの2つを自ら考えて行動していく生き方だと思います。

何をするのか、認知脳が今ここにある外界の状況を分析して考え、やるべきことを実行する。過去を振り返り目標も描きながらやることをやる。しかし、わたしたちはやるべきことをやらない人を信頼することはできません。

完璧な行動など誰もできないですし、誰もそれを望んではいないでしょう。しかし、何をするのかということについては常に責任を持ち、自ら考え実行するという生き方が、社会で生きていくには重要なのです。

同様に、それらをどんな心でするのかということも信頼関係を築くには重要なことです。何をするにも不機嫌な気持ちで遂行する、あるいはノンフローで実行するような人を信頼することができるでしょうか。いつも機嫌の悪い人は、社会において日々刻々信頼を損ねているのです。

もちろん、結果を出すことで信頼づくりをしている人もいますが、結果を出す人であっても、その人が常に不機嫌であれば信頼しにくいでしょう。一般に職人気質の人は機嫌が悪いと見られがちです。実際に頑固な人もいるでしょう。しかし、彼らは自らの仕事にこだわり、それこそ全責任を負って仕事に集中する人たちです。

対人関係においては、ややぶっきらぼうであったりシャイであったりして誤解をされがちかもしれませんが、仕事をしているときにはフローな状態に入ってやるべきことを質高く遂行しているはずです。

実際には機嫌が悪ければ行動も起こしにくいですし、だから結果も出にくくなるという悪循環が生じます。

すべての関係の質の始まりはそれぞれ一人ひとりの自分の心の状態、機嫌というものにいかにフォーカスできるのかということなのです。そんな人の集まる関係の質の高い組織や社会は人間として間違いなく成熟したものだと思います。

日本は比較的この関係の質を高いレベルで維持してきた国の1つなのではないかと信じていますが、最近はその劣化の匂いを感じざるを得ません。

終章

人間関係とは
自分を知ること

他者とは自分とは人間とは

——答えの出ない人間の追求

人間関係を解く鍵は、まず人間を知ることだとわたしは思います。

人間とは何ぞや？　このような大きな命題に明確な答えはないですが、興味を持ち、考えて知ろうとする姿勢が大切であり、始まりなのです。

そのために最も大事な存在、それが自分自身です。**自分を見つめ自分に気づくことが、他者である人間を知ることになるのです。**自分を見つめるといっても、お寺に籠《こも》って修行をしたり、自分探しの旅に出るような必要はありません。

自分はどんな仕組みで生きているのだろうか、ということに興味を持つことが第一歩です。どうしてこんなことをしてしまったのかとか、何でこんな考えを持つのかという前に、そうさせている仕組みが人間の中には存在しているのです。

それは脳と心と身体から成り立つ人間独自のメカニズムです。それを何もドクターや科学者になって探究してほしいというのではなく、自分なりに理解していただきたいのです。

自分も含めて人間は常に脳が働いていて、そこから心の状態としていろいろ感じながら、身体を使って日々行動する仕組みなのです。この単純な構造をちょっとだけ視点を変えて見つめるという習慣を持つだけでも、人を知る手がかりがつかめることでしょう。

人生は自分を知ることであり、他者を知ることであり、人間そのものを知ることでもあります。すべての出来事はそのために生じているのでしょう。本書もそのお手伝いとなるための1つです。自分を知っていけば、他者がわかる、そして人間がわかってくるのだと思います。それがまた人間関係を好転させることにも繫がっていくのです。

あらためて応援の価値

——誰もがここにたどりつく

応援は自分を豊かにします。他者を豊かにします。人間関係を豊かにします。ひいては人生をも豊かにします。

この豊かさは金銭的・物質的な豊かさではなく、心の豊かさ、すなわち質の高さです。応援思考は人生の質＝ＱＯＬ（クォリティー・オブ・ライフ）を高く感じて生きるための魔法の鍵です。

嫉妬しているより応援している方が必ず自らの心の状態がよいはずです。しかし、認知脳は嫉妬の思考を生み出し、他者に対してエネルギーを阻害しようとします。気づけばどこかで誰かと比較しながら嫉妬を生み出してしまっています。それが人間というものです。

ただし、嫉妬している自分は決してご機嫌な心の状態ではありません。他者に心の主導権を完全に持っていかれてしまっているのです。〝藁人形を打っている人〟が一番ノンフローで苦しいのです。

嫉妬より応援という話をしましたが、嫉妬しないようにしようではなく、応援の気持ちを持って生きよう、その方が自らの心の状態にはフローな風が吹くのだという体験と体感を増やしてほしいと願います。

応援思考で生きることは自分のためであり、相手にエネルギーを与えようとする思考ですから、フォワードの法則により自らのエネルギーをも高めて生きることでもあるというわけです。

また期待よりも応援が重要であることを述べました。認知脳は他者に対して期待をしようとします。人間社会は認知の世界なので期待に覆われています。もちろん人の期待以上の仕事をするとか、期待以上のサービスをするというのはあってよいですし、モチベーションになり得ます。しかし、期待は勝手な枠組みなので、期待を負った人をフローなご機嫌な状態に導くことはないのです。

いつも周りに期待ばかりしている人は周りをノンフローにするばかりでなく、自らもノンフローを惹起するようなことになります。期待思考の人は次第に関係の質を悪くしていくリスクが多大にあるということです。

やはり大事なのは他者に対して応援思考を持って接することができるかどうかにかかってきます。人を応援できる人はフローな空間を他者にも自らにもつくり出すことができるでしょう。期待より応援と考えて生きるのか、期待の暴走の中で生きるのか。あなたの決断が必要になります。

しかしそれは、あなたが決めた瞬間に始まるということでもあります。本書でみなさんにお伝えしてきたのは、劇的に人間関係をよくするのはあなた自身がまず決めること。そして、魔法とはあなたの思考そのものだということなのですから。

思考は誰の邪魔も受けることなく、自分次第で今この瞬間からできるのです。この応援思考が意識される回数が増えれば増えるほど、そして自分も周りもご機嫌になるという体感が増えれば増えるほど、この思考はあなたの中で強化されてシナプスとなり脳の中に形成されていくことになります。

すなわち、**応援思考自体があなたの人格となり共に生きる強力な味方となって、いつでも自分らしく生きていけるようにようになる**のです。

応援とは「祈り」の1つの形である

——人間特有の自然な思考

応援の凄さ、その効用を何度も述べてきました。

応援は思考です。

そして、光でもありエネルギーでもあります。

実際に応援していると自ら元気になりますし、相手も不思議と元気に傾くことになります。

２０１２年のロンドンオリンピック夏季大会、２０１４年のソチオリンピック冬季大会、２０１４年のワールドカップサッカーブラジル大会など、みなさんは応援していませんでしたか？

時差もあり夜中に自宅、あるいはパブリックビューイングで応援しているあなたは日頃よりも元気になりませんでしたか？

日本からのみなさんの声援は物理的にロンドンやソチやブラジルには到底届いてないでしょう。しかし、応援して声援を送っていたわたしたちは元気になったのです。一方で選手たちの、みなさんの応援のおかげで頑張れたというコメントがありますが、その声援は必ずしもネットやメディアなどを介して選手たちに届いたものばかりではありません。眼に見えなくても聞こえなくても、応援のエネルギーは人を元気にし、エネルギーを生み出すのです。

スポーツ観戦における応援は期待思考に傾きがちなことも確かです。期待した選手・チームが望むような形でパフォーマンスを発揮できず、結果を得られなければ心底がっかりしたり、失望したりします。

しかし、だからこそ勝敗を超えた素晴らしい闘いや演技は観る者の心を奪い大きな感動を与えてくれるのでしょう。

わたしは特別に信心深い人間ではありません。が、祈ることはします。誰かのために直接会わなくても祈ってエネルギーを届けようとします。

誰かのために祈るというのは、人間が宗教に関係なく誰でも行う人間固有の脳の機能です。祈りについての研究もされているようですが、まさに祈りとは脳の中でつくり出す思考の波動だそうです。応援同様に伝わっていくのです。

世界では、多くの人が祈りを日常の中で習慣化しています。**この祈りに通じる人間固有の知恵が応援**だとわたしは思っています。もっとたくさんの人が、祈りを持つかのごとく応援、すなわちチアスピリットを持って社会のチアリーダーとして生きていくことを切に願っています。

人間関係に特効薬などありません。しかし、本書でご紹介した応援をはじめとする思考は、自らの人格となって人生をより豊かなものに導いてくれるに違いないのです。

わたしもみなさんを応援したいと思います。

おわりに

人間関係を劇的に好転する魔法、本書を読み終えて、いかがでしたか？

魔法は意外にも身近なところにあったのです。そうです、実は行動や物事などに人間関係の解決策などなく、自分自身、つまり自分の思考こそその〝鍵〟だったのです。

しかも、これまでの自分を否定したりするのではなく、人間関係をよりよくするための、それは自分自身の機嫌をよくするための思考を新たに身につければいいのだということなのです。

このメソッドこそ、画期的ではないでしょうか？

本書を通して、新しい思考を手に入れてほしいと心から願っています。特に〝応援思考〟の素晴らしさをすぐに実践し、日々の生活の中で体感していただければ幸いです。

例えば毎朝、「今日も応援の姿勢で生きよう！」と考えてみましょう。あるいは通勤の途中に生きとし生けるものに対して「がんばれ！」と歩きながら考えてみましょう。会社や得意先に苦手な人がいたら「苦手な人だけれど、応援してみよう！」と考えてみましょう。これまでにない体感が自分自身の中に湧き起こると思います。

この自分の中に吹くフローな風こそがこれまで人間関係に悩んでいた自分自身を救い出し、自分らしい人生にあなた自身を導くことになるのです。

それから本書の出版に当たってご尽力いただいた清流出版株式会社の古満温様に心より深謝いたします。

最後に、すべての人に〝チア・スピリット〟のある人生を！

平成27年　4月吉日

辻　秀一

辻　秀一（つじ・しゅういち）

スポーツドクター。株式会社エミネクロス代表。1961年生まれ。慶應義塾大学病院内科、同スポーツ医学研究センターを経て独立、現在に至る。応用スポーツ心理学とフロー理論を基にしたメンタル・トレーニングによるパフォーマンス向上が専門。セミナー・講演活動は年間200回以上に及ぶ。

年に数回の「人間力ワークショップ」は、経営者、アスリート、音楽家、主婦、OL、教員など、日本はもとより海外からの参加者もいるほどに人気を博している。

コンサルティングカンパニー、メーカー、サービス、商社、製薬などの多数の企業をはじめ、オリンピック選手、プロ野球選手、プロテニスプレーヤー、Jリーガー、プロゴルファーなどの継続的なサポートを行っている。

活動ミッションの柱は「ジャパンご機嫌プロジェクト」と「スポーツを文化にする社会活動」。

著書に35万部突破のベストセラー『スラムダンク勝利学』（集英社インターナショナル）、『自分を「ごきげん」にする方法』（サンマーク出版）、『禅脳思考』（フォレスト出版）、『一生ブレない自分のつくり方』（大和出版）、『自分を敬え。超訳・自助論』（Gakken）ほか、多数。

辻　秀一オフィシャルサイト　http://www.doctor-tsuji.com/

（株）エミネクロス

TEL：03-5459-1572
FAX：03-5459-1573
E-MAIL：info@doctor-tsuji.com

Dr.辻によるエミネクロスのご機嫌プロジェクト

人間関係を劇的に好転させるための自分づくりを、ご機嫌プロジェクト（ワークショップや資格制度など）で応援しています。

ワークショップはライフスキル脳を徹底的に学び知識を意識化させスキルまでにアップするよう構成されたプログラムによるリアルなグループトレーニングの場です。資格制度はDVDなどを利用して日本のどこでもいつでもライフスキルを学習できる仕組みです。

心の存在と価値に気づき自己投資する人が今確実に増えています。スポーツ選手はもちろん、ミュージシャン、経営者、教育者、ビジネスマン、親たちが質の高い人生を手に入れ人生の質を高めています。日本にご機嫌なBiBrainer（バイブレナー）がたくさん増えることを応援するプロジェクトです。

お問い合わせは（株）エミネクロスまで

人間関係が驚くほどうまくいく
応援思考

2015年5月28日発行［初版第1刷発行］

著者　辻　秀一
発行者　藤木健太郎
発行所　清流出版株式会社
〒101-0051
東京都千代田区神田神保町3-7-1
電話 03（3288）5405
http://www.seiryupub.co.jp/
（編集担当　古満　温）

印刷・製本　図書印刷株式会社

ISBN 978-4-86029-429-8

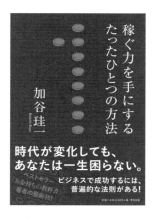